« L'AVENTURE CONTINUE »
Collection dirigée par
Patrice Franceschi, Laurent Laffont et Didier Regnier

A Andrew Patterson,

Pour découvrir le plus grand des déserts, au rythme des chameaux, durant 9 mois –

Très cordialement –

PHILIPPE FREY

NOMADE BLANC

*Le Sahara d'est en ouest
en solitaire*

Dessins de l'auteur

ROBERT LAFFONT

Photos : Gérard et Philippe Frey

Couverture : page 1, photos Rojon/Rapho
et collection de l'auteur ; page 4, collection de l'auteur.

© Éditions Robert Laffont, S.A., Paris, 1992
ISBN 2-221-06861-0

*A la mémoire de mon père
qui n'a pas pu attendre les neuf mois
que je sorte du ventre du désert.*

1.

*Entre mer Rouge
et océan de sable*

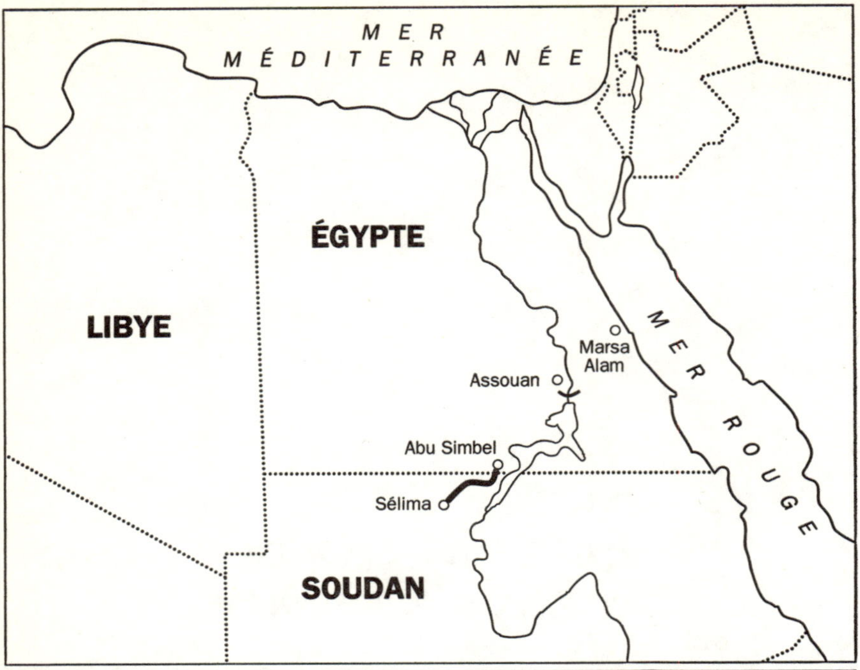
MER MÉDITERRANÉE
ÉGYPTE
LIBYE
Marsa Alam
Assouan
MER ROUGE
Abu Simbel
Sélima
SOUDAN

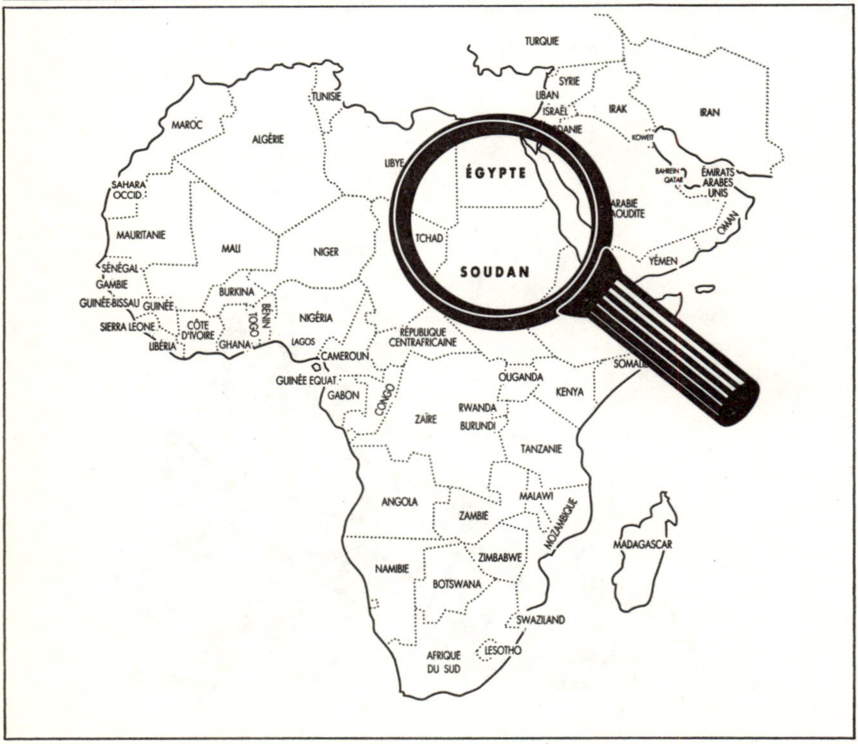
TURQUIE
SYRIE
LIBAN
ISRAËL
IRAK
IRAN
TUNISIE
MAROC
ALGÉRIE
LIBYE
ÉGYPTE
SAHARA OCCID.
MAURITANIE
MALI
NIGER
TCHAD
SOUDAN
ARABIE SAOUDITE
ÉMIRATS ARABES UNIS
OMAN
YÉMEN
SÉNÉGAL
GAMBIE
GUINÉE-BISSAU
GUINÉE
SIERRA LEONE
LIBÉRIA
CÔTE D'IVOIRE
GHANA
BURKINA
TOGO
BÉNIN
NIGÉRIA
LAGOS
CAMEROUN
RÉPUBLIQUE CENTRAFRICAINE
GUINÉE EQUAT.
GABON
CONGO
ZAÏRE
RWANDA
BURUNDI
OUGANDA
KENYA
TANZANIE
ANGOLA
ZAMBIE
MALAWI
MOZAMBIQUE
MADAGASCAR
NAMIBIE
ZIMBABWE
BOTSWANA
SWAZILAND
LESOTHO
AFRIQUE DU SUD

« *Salam, Ahmed, Bismillah.* (Adieu, Ahmed et merci.)
– *Tarik kébir.* (C'est un long chemin.)
– *Koïs, Mafish Muchkullah, Inch'Allah.* (Ça va, pas de problème, si Dieu le veut.) »

Un éclair d'émotion passe dans le regard d'Ahmed ; c'est d'ailleurs, je crois, la première fois que je peux l'observer sans ses éternelles lunettes fumées. Nous sommes trois, en pleine nuit, à la lisière du désert de Libye en Égypte : Ahmed, un métis de père nomade du Kordofan et de mère noire sédentaire, un autre Soudanais venu à pied de son Darfour natal et moi-même.

L'obscurité nous enveloppe totalement et nous isole du reste du monde. Pas la moindre lune, le premier croissant n'apparaîtra que dans quelques jours. Pour l'heure, c'est un désert hostile où le regard ne peut même pas accrocher les reliefs du terrain. Les étoiles sont innombrables dans le ciel, mais n'ont qu'une faible lueur : il est trop tôt, à peine 21 heures, et la nuit est à couper au couteau.

Ahmed me serre une dernière fois sur son cœur, et pourtant ni lui ni moi ne sommes portés sur les gestes et encore moins sur les démonstrations, comme les nomades que nous sommes à moitié chez qui tout contact physique est empreint de retenue : on ne se touche pas, on se frôle. Je lui dois beaucoup : il s'est occupé de mes deux chameaux durant quelques jours. Tout harnachés, je les tiens par la bride, et à voir leur façon pataude de marcher et leur haleine fétide quand ils vous rotent en plein visage pendant leur rumination, il les a apparemment bien gavés. Avec ce qui m'attend, heureusement...

Le deuxième Soudanais, qui se tenait jusque-là un peu en retrait, s'avance pour me prodiguer un dernier conseil : « Attention aux crocodiles », et il m'explique que lui-même a failli se faire dévorer en allant boire au bord du Nil un soir lors d'une longue marche. Je le remercie de sa sollicitude, sans lui dire que, là où je vais, je risque assez peu d'en rencontrer.

Là où j'allais, c'était l'Ash Shimaliya, la partie soudanaise du désert de Libye, un désert absolu à peine repéré et cartographié, que personne n'avait encore traversé de la mer Rouge au Tchad... Pour commencer. Après, c'était tout le Sahara que je voulais traverser jusqu'à l'Atlantique, ce que personne n'avait jamais osé faire. Ahmed avait raison : « *Tarik kébir* », c'est un long chemin.

Assez de commisération. J'ai déjà perdu une heure pour un thé et une dernière bouillie de mil. Mais c'était pour attendre l'obscurité. Maintenant, plus de temps à perdre. Il faut disparaître avant l'aube et les premières patrouilles, si l'alerte n'a pas encore été donnée par le chauffeur qui m'a amené ici, au caravansérail d'Ahmed à seulement quelques dizaines de kilomètres des postes de militaires et du Moukhabarat (services spéciaux égyptiens).

Un ultime signe de la main et je m'éloigne délibérément des deux hommes qui m'accompagnaient. Sans me retourner, je les entends échanger quelques mots à voix basse puis lentement rebrousser chemin. Moi, je suis déjà parti. Plus rien ne me fera revenir en arrière. J'ai déjà eu droit à dix jours de désert qui m'ont mené de la mer Rouge à cet endroit, aux abords d'Abu Simbel sur la rive ouest du Nil. Mais c'était une petite mise en jambes. Les affaires sérieuses commencent, avec d'abord les patrouilles égyptiennes à éviter. Aussi, pas de lampe, pas de bruit, hors piste et surtout vite...

Les premiers pas sont déjà pénibles. Il fait noir comme

dans un four et je trébuche sans cesse sur des pierres instables. Le pire, c'est de ne pas voir ses pieds et de descendre une « marche » de cinquante centimètres sans avoir pu sentir le sol sous ses sandales. Les chameaux suivent à peu près, quoique très ballonnés par les dizaines de litres qu'ils ont ingurgités. Ils ont dû sentir qu'on allait leur en demander beaucoup et se forcer à boire. Comme les charges de fourrage – de la paille, qu'on appelle « zril » ici – que m'a données Ahmed sont très volumineuses, je renonce à tirer les deux brides ensemble et à faire cheminer les bêtes de front. De plus, le sol ne le permet pas. J'attache donc le deuxième chameau à la selle du premier et on progressera ainsi à la queue leu leu. Je jette un œil sur la boussole : super, l'aiguille et le cadran sont fluorescents. C'est une boussole suisse, évidemment du bon matériel !

J'essaie de naviguer l'œil rivé à moitié sur l'horizon, à moitié sur la boussole. C'est loin d'être facile. J'essaie donc autre chose : je vise une étoile avec la boussole, bien brillante et le plus bas possible sur l'horizon, et je vais droit dessus. C'est mieux ainsi, mais les inégalités du terrain posent vraiment problème. Une suite de terrains sableux avec de petites tables rocheuses et surtout des « wadi », des cours d'eau à sec au fond desquels il faut descendre pour remonter de l'autre côté. Avec une nuit de pleine lune, on y verrait clair. Là c'est le noir total. La chaleur n'a pas vraiment baissé depuis le crépuscule, mais c'est supportable.

Tout cela m'arrange. Rien de mieux pour se faufiler entre les mailles du filet qui s'étend sur la frontière Égypte-Soudan, pays à deux doigts de la guerre ouverte après des semaines d'atermoiement et d'intimidation. Depuis quelques jours, le conflit pouvait éclater et les troupes sont ici, devant moi, tapies dans le désert, à attendre un ordre ou une attaque adverse. L'Irak aurait, dit-on ici, donné des missiles Shark au Soudan, aussitôt dirigés sur le barrage d'Assouan. On imagine aisément la catastrophe éventuelle. Or les silos à missile sont dissimulés quelque part dans le désert soudanais, non loin de la frontière car la portée de ce type d'engin est assez courte. Près d'Assouan, j'avais pu observer des trains militaires entiers venant des environs du canal de Suez : toute une armée transportée de la frontière israélienne à la frontière soudanaise. Et le flot ininterrompu ne semblait pas se tarir ; armement hétéroclite, blindés lourds et des milliers de soldats (la durée du service militaire est de trois ans en Égypte).

Trois règles impératives à respecter, que suivent également tous les contrebandiers du monde : être rapide, profiter de l'obscurité, et éviter toutes les traces. En tout cas, plus le terrain est accidenté, plus je suis tranquille, car, à part quelques rares patrouilles méharistes, aucun véhicule ne peut se frayer un chemin dans les éboulis.

J'ai donc tendance à rechercher les éminences rocheuses, quitte à y laisser un peu de la sole des pattes de mes chameaux ou manquer tomber à terre.

Impossible de monter mes bêtes. Il faut choisir les passages, guider la marche, redresser les charges.

Les heures passent ainsi, pénibles, longues, chaudes. Les étoiles que je me fixais faiblissent à l'horizon et finissent par disparaître. Il faut viser une autre étoile, parfois moins brillante que la précédente, qui se perd au milieu des autres si l'on regarde trop longtemps ses pieds. L'air devient plus piquant au fil des heures, l'atmosphère se rafraîchit indistinctement. Maintenant, il fait presque froid malgré la marche. J'avance toujours en trébuchant, mais cela fait quelques heures que je suis emmitouflé dans mon sac de couchage enroulé autour de mes épaules. Et toujours cette maudite piste militaire que j'aurais dû franchir depuis longtemps. Il faut pourtant la passer avant l'aube, avant les patrouilles, avant que la protection éphémère de la nuit ne s'estompe.

Vers 6 heures du matin, je m'accorde un répit. Cette piste, vraiment, je ne sais pas où elle est! Je m'effondre, enserré dans mon sac, grelottant de froid, la bride du chameau de tête nouée autour du poignet. Je sombre aussitôt dans un sommeil d'épuisement : cela fait neuf heures que je marche à toute vitesse sans interruption. Par miracle, j'émerge de ma torpeur un quart d'heure plus tard et me remets péniblement en route. Où est cette piste militaire? Mais merde, où est-elle?

ENTRE MER ROUGE ET OCÉAN DE SABLE

Je marche cinquante mètres et croise une trace de véhicule, puis une autre. Je grimpe sur un talus et me retrouve enfin sur la piste. Elle était goudronnée, mais l'asphalte est parti par plaques et il ne reste plus que le sable tassé, martelé par le passage des patrouilles. J'ai failli m'assoupir à quelques mètres de là. Bravo ! Inutile de traîner davantage. Je m'éloigne au plus vite perpendiculairement aux traces et fonce derrière une éminence, que j'escalade pour perdre mes pas et ceux de mes chameaux au milieu des pierrailles. L'aube commence à poindre. Dans quelques minutes, il fera complètement jour. Encore deux heures de marche endiablée en me repérant aux reliefs et je peux enfin souffler un moment.

Nous sommes le 23 septembre. Il n'est que 8 heures du matin et déjà le soleil inonde tout le décor. La réverbération est totale sur le sable immaculé. Pas une ombre. Il n'y a ni arbre, ni buisson, ni même un brin d'herbe. Tout ici est minéral, poli par le vent du désert qu'aucun obstacle n'arrête. Le regard n'est attiré que par des éclats de pierres métamorphiques de toutes les couleurs, à même le sol, parfois dressées, parfois creusées et découpées en de multiples alvéoles. Malgré la fatigue, mes yeux sont tellement attirés par certaines formes ou certaines couleurs étranges que je prends la peine de me baisser pour ramasser quelques pierres, les plus belles, et avoir le plaisir de les voir de plus près, d'en être étonné, de les caresser pour en éprouver le poli ou les aspérités. Puis, comme il est exclu de me surcharger du moindre superflu, je les laisse tomber quelques mètres plus loin.

C'est encore le « saif », c'est-à-dire l'été, la saison dure, aride, inhumaine, où le soleil écrase tout. Et par ici, il n'y aura pas de « kharif » à espérer, pas de saison des pluies qui tempère un climat comme c'est le cas un peu plus au sud. Les seuls signes de vie sont de petits insectes jaunes à mi-chemin entre la fourmi et le cafard, qui ont la particularité de s'arrêter et de se plaquer au sol pour s'y fondre dès qu'ils perçoivent un danger. Dans l'après-midi pourtant, je trouverai un petit wadi avec trois ou quatre buissons bruns et secs : juste de quoi remplir la bouche de mes chameaux qui se jettent goulûment sur ces très maigres broussailles.

Enfin vers le soir, exténué après vingt-quatre heures de marche pratiquement ininterrompue, je décide de bivouaquer. Autant entraver complètement les bêtes puisqu'il n'y a de toute façon rien à brouter. Reste encore à les décharger, leur distribuer une partie du fourrage qu'elles transportent, installer une couverture à même le sol et... m'y effondrer, renonçant à préparer autre chose pour le repas du soir qu'une poignée de dattes vite avalées.

Toute la journée, j'avais accordé une importance extrême à tout ce qui pouvait apparaître comme un signe de présence humaine. J'avais guetté le moindre grondement de moteur au milieu du sifflement du vent et, à la moindre forme anormale au loin, j'avais saisi mes jumelles pour observer longuement l'horizon, quitte à faire un immense détour au moindre doute ou à la moindre hallucination. C'est pourquoi, fatigue physique ou nerveuse, je sombre dans un sommeil agité jusqu'au moment où, au milieu de la nuit, je suis réveillé par une violente douleur au bout du doigt. J'imagine aussitôt le pire – scorpion – avant d'apercevoir une petite souris dans le pinceau de ma lampe. C'est l'odeur du zril, du fourrage, qui l'a attirée. Et, comme elle avait apparemment très faim, elle m'a sauvagement mordu le bout d'un doigt, sous l'ongle.

Par la même occasion, un coup d'œil aux chameaux. Ils ruminent accroupis, calmes. Tout va bien. Je me tourne sur le dos vers les milliers d'étoiles qui me font face et je m'endors ainsi, les paupières se fermant doucement sur ce spectacle magique.

Peu avant le lever du soleil, je suis prêt à partir. Les chameaux sont harnachés. Aussitôt chargés, ils se sont redressés d'eux-mêmes et attendent impatiemment le signal du départ. Pour eux, pas de pâturage, donc inutile qu'ils s'attardent ici. Je récupère ma boussole et mes lunettes fumées au fond de mes sandales. C'est leur place habituelle, cela évite de les piétiner accidentellement la nuit. Ce sont vraiment les accessoires les plus utiles et j'en prends le plus grand soin. Je les suspends autour de mon cou, enfile mes sandales et saisis la bride du chameau de tête. Prêt pour une marche clandestine de douze heures. Un rapide coup d'œil au cadran de ma boussole me confirme le cap à suivre : 225, c'est-à-dire sud-ouest. Je sais déjà que les heures s'égrèneront comme la veille, courtes avec la fraîcheur du matin, longues avec la chaleur de midi. Autant en profiter pour marcher d'abord et monter mes bêtes plus tard. Au moment de m'élancer, j'émets un claquement de langue contre le palais, à l'intention des chameaux. Ils connaissent ce bruit, me connaissent également maintenant, et la petite caravane s'ébranle d'un même mouvement.

Un coup d'œil en arrière : je ne laisse que quelques traces de pas, le moulage du corps des chameaux baraqués dans le sable et quelques noyaux de dattes. Impossible de déterminer précisément qui est passé, quand et pourquoi. Cela va devenir une habitude à l'avenir, autant par respect pour le désert que par esprit de survie. Les Égyptiens auraient encore quelques litres de fuel à gaspiller pour suivre des traces dans le désert, mais en aucun cas les Soudanais.

Des sillages récents de véhicules confirmeront mes craintes tout au long de la journée. Patrouilles ou trafiquants ? Égyptiens ou Soudanais ? Dans tous les cas, des problèmes en perspective. Pour cause de guerre larvée, les trafics, paraît-il, ont sensiblement baissé, mais tout reste possible. Il y a quatre jours, j'ai vu dans la caserne du Moukhabarat à Assouan plusieurs dizaines de chameaux saisis et le colonel m'a montré une collection de photos saisissantes de très sales gueules de trafiquants bisharin nomades : chevelure luisante et bouclée jusqu'aux épaules encadrant des visages noirs et acérés. Ce sont d'excellents chameliers, mais rendus incontrôlables par la drogue, haschisch et héroïne, qu'ils trafiquent et dont ils abusent. Eux circulent presque uniquement à l'est, entre le Nil et la mer Rouge, du Soudan vers la Méditerranée où toute la marchandise est chargée sur bateau. Par ici, ce sont d'autres nomades, les Kebabish, également excellents. Ils convoient des troupeaux de chameaux sur pied du Soudan vers l'Égypte qui manque cruellement de viande.

Les Égyptiens tolèrent ce marché jusqu'à un certain point,

et c'est ainsi que la plupart des chameaux razziés ou volés dans tout le Sahara oriental finissent en viande de boucherie au Caire ou à Miniah. Parfois venant de très loin, Érythrée, Tchad ou Somalie, vendus et revendus de marché en marché : Khartoum, Dongola, Daraw... A chaque fois que survient une guerre ethnique ou un conflit local, le premier acte des vainqueurs est de s'approprier les troupeaux des vaincus. Et éventuellement de les revendre à l'étranger.

Mes propres chameaux ne font pas exception. D'après les marques, l'un vient du Kordofan soudanais, d'En-Nahud, et l'autre est un chameau kebabish de Dongola. Pour l'heure, ils me paraissent reconnaissants de ne pas avoir été transformés à coup sûr en chiches kebabs ou en merguez et marchent très bien. Ç'aurait d'ailleurs été malheureux car ce sont de très bons chameaux; j'ai eu suffisamment de mal à les trouver. En plus, ils sont beaux, de couleur blanche assortie à mon voile et à mon sarouel.

Comme il n'y a aucun campement, donc aucune femme avant mille cinq cents kilomètres, cette coquetterie me paraît à présent tout à fait superflue... d'autant que le blanc se repère au loin plus facilement que le brun. Mais on ne se refait pas, et ce qui m'importe, c'est de monter un beau chameau blanc.

C'est d'ailleurs l'heure de monter. J'ai pris l'habitude de ne pas baraquer ma bête, ni l'agenouiller, un peu comme on escalade un piton. Cela va plus vite et fatigue moins l'animal. Le pied droit sur le genou du chameau, le pied gauche qui prend appui sur l'encolure et je me retrouve à califourchon en trois secondes, la bride entre les dents. Le chameau apprécie. Cela le réconcilie avec son maître qui l'emmène vers un désert sans eau, sans pâturage et de plus en plus aride.

De toute façon, mon chameau est un dur qui a dû rouler sa bosse. Assis sur ma selle, j'ai tout loisir d'observer son cou puissant lacéré de morsures d'autres bêtes, restes d'anciennes méharées où il a dû se battre pour avoir sa part d'eau à l'abreuvage. Tiens, je n'avais jamais remarqué son oreille coupée. C'est peut-être cela qui le fait dériver constamment à gauche, cet imbécile!

Vers le soir enfin, je croise une piste, en territoire soudanais. Elle file plein ouest et se dirige probablement vers la Libye. Une patrouille égyptienne reste malgré tout possible, surtout sur cette piste. J'aurais du mal à expliquer que je suis en territoire soudanais, et d'ailleurs je le saurais certainement mieux qu'eux. Je me vois assez mal déballer mon navigateur par satellites GPS et expliquer que la frontière est à cinq kilomètres derrière – « *Chouf, chouf!* » (Regarde, regarde!) –, alors que, sur le terrain, ce n'est qu'un immense reg sableux, les reliefs s'étant aplanis durant la journée. Pour ne former qu'une plaine nue hérissée de place en place de pitons épars. Aucune échelle possible, de sorte qu'ils peuvent vous paraître à cinq cents mètres ou à cinquante kilomètres.

Le Nil doit être à deux jours de marche, à présent. C'est une sécurité, un fusible. En cas de problème, je pourrais encore m'y rabattre, abreuver mes bêtes et y assouvir ma soif. Mais ce serait également la fin du voyage. Avec ses abords quadrillés par les armées des deux bords, sans visa et sans autorisation, et vu le contexte, la traversée du Sahara serait avortée avant d'avoir commencé. Aussi dois-je repousser la pensée de sécurité éphémère et de havre de verdure à l'est. A l'est, il y a de l'eau, des palmiers, mais il y a aussi des hommes. A l'ouest, il y a, surtout, l'inconnu...

J'essaie de me familiariser avec la carte, d'anticiper ma route, d'évaluer les jours, de repérer précisément la disposition des rares points d'eau. Bref, de poser mes jalons. Mais je reste limité par la très médiocre qualité de la carte, et je me rends tout de suite compte qu'elle est complètement fausse. Et qui donc d'abord aurait pu convenablement la dresser ?

Ce relief-là n'existe pas. Et là, ce wadi à sec, je me demande d'où ils le sortent. Ce bout de papier quadrillé pratiquement blanc me permettra tout au moins de noter ma progression quotidienne : une belle croix sur la feuille blanche qui marquera, éphémère, une nuit dont le souvenir sera vite bousculé par la nuit suivante.

Le terrain est sableux, mais le sable est dur. Mes sandales s'enfoncent de quelques millimètres. Seulement de quoi marquer le sol, y imposer mon empreinte. En me retournant, de temps à autre, je contemple ce sillage sinueux malgré mes efforts pour lui garder une direction rectiligne. Les traces des chameaux s'enchevêtrent aux miennes, se superposent. J'observe à reculons leur pas cadencé : leurs pattes arrière viennent s'encastrer presque exactement dans l'empreinte laissée par leurs pattes avant, avec une régularité de métronome.

Je m'arrête quelques secondes pour observer leurs traces : chaque bête a une empreinte différente. On peut distinguer leur âge, leur état, s'ils sont au pâturage ou s'ils marchent, s'ils sont montés ou non, chargés ou non. Leur origine. Les soles avant sont plus larges que les soles arrière. Toujours. Et le chameau d'En-Nahud a les pattes plus larges car c'est un chameau de sable. Curieux comme ces bêtes sont parfaitement adaptées au désert, génétiquement. Je contemple leur silhouette antédiluvienne : des membres très longs et déployés, le corps le plus haut possible au-dessus du sol, les chevilles extrêmement souples et déliées, leurs réserves de graisse... qui s'amenuisent. Pas de temps à perdre, allons-y.

Et les pas chaloupés reprennent derrière mon dos, ponctués de sortes d'éternuements qui permettent d'humidifier les naseaux et de bruits de mastication et de rumination : bon Dieu, qu'est-ce qu'ils puent de la gueule ! Lorsqu'ils sentent trop, les chameliers distribuent parfois quelques brins pour que le suc des plantes irrigue un peu leur palais. Ou bien eux-mêmes conservent un brin d'herbe entre leurs babines, comme un cure-dents. J'aperçois au loin un massif que je devrais atteindre normalement le lendemain soir. La carte y indique de l'eau. Nous verrons bien. Pour l'instant, c'est un simple caillou posé sur le reg. Et ce caillou-là est à cinquante kilomètres.

Après une seconde nuit et des heures de marche, mise à l'évidence : il n'y a plus d'eau. Par contre, il y a des traces de nombreuses vipères. Elles laissent une empreinte très caractéristique en forme de S sur le sable. De l'eau, il devait effectivement y en avoir il y a longtemps, très longtemps... Peut-être en reste-t-il quelque part dans une fissure de roche, car j'ai vu une hirondelle et même une espèce de martinet, un oiseau au battement d'ailes très rapide. Des recherches dans les canyons du massif n'y changeront rien et, de toute façon, j'avais très bien repéré les traces blanches qui indiquent l'emplacement des *small many lakes* (nombreux petits lacs) inscrits sur ma carte aérienne américaine, la seule existante de la zone. Les cartes anglaises sont introuvables. Vraiment n'importe quoi! C'est pourtant une des seules informations que comporte la carte. Elle donne un pourtour avec une échelle et un contenu uniformément blanc avec pour mention *relief data incomplete... Limits of available sand information...* Et comme ils ont le syndrome de la feuille blanche, ils remplissent avec des pistes chamelières et des indications de dunes qui n'ont jamais existé.

Cette fois, plus d'autre solution que d'avancer... et espérer trouver de l'eau à Sélima, une oasis qui est signalée sur toutes les cartes du monde, et même les globes terrestres. Pourtant, étrangement, personne n'a pu me renseigner sur Sélima. Même les Kebabish trafiquants que j'ai rencontrés précédemment en Égypte n'ont rien pu me dire. Est-ce une palmeraie? Est-elle habitée? Y a-t-il une autorité soudanaise quelconque? Dans ce cas, un problème se pose car le Soudan ne délivre plus de visa aux Occidentaux et je suis en situation clandestine jusqu'au Tchad. J'ai pourtant emmené quelques centaines de dollars en cas de rencontre fortuite. Tout s'arrange toujours! Le pire serait la présence de troupes libyennes à Sélima, et ce serait très envisageable car ils occupent déjà l'oasis de Merga (ou Nukheila) un peu plus loin. Et s'ils ne l'occupent pas, il est certain qu'ils patrouillent régulièrement profondément à l'intérieur du Soudan. Ne serait-ce que pour une aide logistique aux rebelles tchadiens d'Idriss Deby, réfugiés au Soudan. Encore une fois, ma chance résulte de la difficulté du terrain et surtout de ne suivre aucune trace.

Le paysage est blanc, incandescent. Aux heures les plus chaudes apparaissent des mirages. Rien de bien spectaculaire. A peine plus que sur les routes asphaltées d'Europe ou d'ailleurs. Un halo trouble et évanescent, dû à la chaleur s'élevant du sol surchauffé, vient troubler la vue, pratiquement sur tout l'horizon circulaire. L'échelle devient trompeuse, les distances inévaluables. Les yeux doivent se faire à ce phénomène qui devient avec le temps et l'habitude banal. La vue se forme à fixer l'horizon souvent flou, déformé par les ondes de chaleur, tremblotant. Parfois dédoublé et reconstitué plus haut. Toujours lumineux, éclatant. La rétine supporte cette démesure de blancheur jusqu'aux heures de crépuscule. Là, les ombres se forment. Peu, car il y a peu d'obstacles. L'empreinte d'un caillou dressé qui s'étale au sol, l'ombre des chameaux qui s'étire vers l'arrière, vers l'est. Enfin arrive l'heure où les lunettes ne sont plus utiles, où la vue peut se réadapter aux objets rapprochés, aux gestes précis : un nœud à dénouer, une poignée de vermicelles à jeter à la casserole, une allumette à gratter, la position à calculer, un crayon à la main...

Le jour suivant, vers midi, j'aperçois un promontoire à l'horizon. Je pense qu'il s'agit de Sélima. Je sais aussi que j'en aurai pour la journée et une partie du lendemain pour y arriver. Malheureusement, le torchon qui me sert de carte n'indique pas d'emplacement exact : il y a marqué « Sélima » en travers sans point précis, donc on peut chercher sur vingt-cinq kilomètres de diamètre, à peu près où le nom est apposé. Difficile de repérer un trou d'eau de cinquante centimètres à ras du sol si rien ne le signale. D'après ce que j'ai observé auparavant, les points d'eau se situent presque tous au sud-ouest, c'est-à-dire à l'abri des vents dominants du nord-est. Mon parti est donc pris de contourner le massif. Je contourne au ras des falaises, escaladant parfois quelques collines pierreuses, toujours en scrutant l'horizon à la jumelle au moindre doute ou seulement lorsque la vue est suffisamment dégagée. Il faut voir avant d'être vu. Et toujours pratiquement aucune trace de passage.

C'est décidément très étrange. Je découvre un fût de palmier abandonné là, isolé dans cet endroit stérile et invariablement minéral, et cela ne répond à aucune de mes interrogations. Enfin, au détour d'un dernier « ras » ou monticule pierreux, je tombe en arrêt sur une vision étonnante : au fond d'un petit ravin encaissé qui n'est pas plus qu'une veine verte dans le sable ocre, quelques dizaines seulement de palmiers essaiment au milieu de bouquets d'herbe à mouton. Je baraque aussitôt les chameaux car leur silhouette debout est beaucoup trop caractéristique et repérable. Par contre, couchés dans un repli du terrain, on les distingue moins.

Je passe une bonne heure à observer les environs à la jumelle, à essayer de deviner ce que peuvent abriter les troncs de palmiers et à guetter tout mouvement dans la minuscule oasis. On aperçoit aussi un petit « bordj » fortifié, mais impossible de discerner une présence. Il me faut pourtant de l'eau.

Comme il faut bien prendre une décision, je commence à descendre les pentes du canyon jusqu'aux premières touffes d'herbe. Les chameaux glissent assez maladroitement sur la pente raide. Je pensais qu'ils se précipiteraient sur cette verdure providentielle, mais ils la dédaignent et je me rends compte que l'herbe est rêche et coupante. De toute manière, on mangera plus tard. D'abord l'eau. Apparemment, pas de garnison. Au bas du bordj qui se révèle être en ruine, une pierre gigantesque avec des inscriptions hiéroglyphiques qui ne sont pas de l'arabe. Certainement des écritures pharaoniques. Étrange. Rares sont les vestiges de présence antique égyptienne en dehors de la vallée du Nil. Toujours personne. Et toujours pas d'eau. Je tombe brusquement en arrêt devant deux chameaux : deux jeunes bêtes entravées. Mais j'ai beau fouiller les moindres recoins de l'oasis, il n'y a apparemment pas de présence humaine. Je retourne lentement vers les deux chameaux et je finis par découvrir « le » point d'eau. Un trou creusé dans le sol dissimulé par les herbes, d'environ un demi-mètre de diamètre avec de l'eau de résurgence. Je m'accroupis aussitôt pour boire à la surface de l'eau comme un animal. Elle est bonne et fraîche. Les chameaux, eux, refusent de boire. Ils ont peur de glisser sur le sol humide qu'ils ne connaissent pas, et pourtant l'eau affleure à même le sol. Je dois leur transvaser l'eau de l'« oglat » dans une petite cuvette creusée quelques pas plus loin dans le sable. Je prends soin de disposer deux pierres au fond de celle-ci pour casser le jet de l'eau qu'on y transvase, ceci pour ne pas soulever trop d'impuretés et que l'eau reste claire. Quand enfin ils ont bien bu, je les laisse pâturer en les entravant assez lâchement par les pattes antérieures. Ainsi, ils peuvent faire des petits pas, sans pourtant trop s'éloigner. Je vais les laisser manger le reste de la journée, puis demain, afin qu'ils reprennent des forces. Car, mis à part cette micro-oasis, le désert alentour est complètement stérile.

Ayant installé mes affaires sous un palmier (quelques dattes sèches sous les palmes indiquent qu'il s'agit d'un dattier), je pars à nouveau inspecter les environs : je remarque bientôt les traces fraîches d'une Land Rover et d'un camion. Les pneus sont neufs et à profil militaire, il s'agit d'une patrouille. J'essaie de reconstituer les événements des derniers jours. Je pense qu'une patrouille – soudanaise ou libyenne – est venue inspecter la zone, a découvert le propriétaire des deux chameaux et peut-être sa famille. Ces derniers ont dû profiter de l'occasion pour se rendre vers un centre habité au bord du Nil, éventuellement pour écouler la récolte des dattiers sauvages de l'oasis. Ou alors ils ont été emmenés de force...

De retour, je remarque, suspendu à une palme, un billet griffonné de caractères arabes. Malheureusement, je ne parviens pas à déchiffrer les signes mais je devine que c'est une recommandation pour l'éventuel arrivant : « Abreuver les deux bêtes entravées. » En remerciement, un bol avec des dattes, un autre avec quelques morceaux rassis de « kesra » (galette) et le dessert dans un dernier récipient contenant une vingtaine de gros scarabées noirs enchevêtrant leurs pattes, se chevauchant les uns les autres et glissant sur la paroi lisse de la cuvette en plastique. Plus loin encore, des boîtes vides, une selle de chameau kebabish, un peu de grain, « doura » et « zril », éparpillé par terre. La journée va ainsi lentement s'écouler, avec le bruit, inhabituel pour moi, du vent bruissant dans les palmes et le regard arrêté par la végétation, alors qu'auparavant la vue portait jusqu'à l'horizon.

Ces sensations nouvelles contribuent à créer une sourde oppression. J'ai appris à aimer le reg, les immensités plates... Ici, j'ai l'impression d'être observé, et d'abord il y a trop de vie :

de nombreuses guêpes, des fourmis qui m'obligent à déplacer plusieurs fois ma couverture, et même des libellules. Pourtant, il faut laisser pâturer les bêtes : quelques cadavres épars sous les palmiers de chameaux morts d'épuisement et de faim témoignent de l'époque où les caravanes s'arrêtaient à Sélima sur la route qui les menait d'El-Kharga en Égypte aux mines de natron d'El-Atrun au Soudan. Cet itinéraire millénaire était déjà utilisé du temps des pharaons puisque le natron servait à embaumer les morts. Aujourd'hui, c'est une piste oubliée. Il ne reste que les vieux guides caravaniers arabes d'El-Kharga pour en connaître les secrets.

Durant ce repos forcé, je me remémore tout le chemin parcouru. Nous sommes le 30 septembre, cela fait donc déjà vingt-six jours de route depuis le petit port égyptien de Marsa Alam sur la mer Rouge, où j'avais baraqué mes bêtes pour la première fois.

2.

Moukhabarat

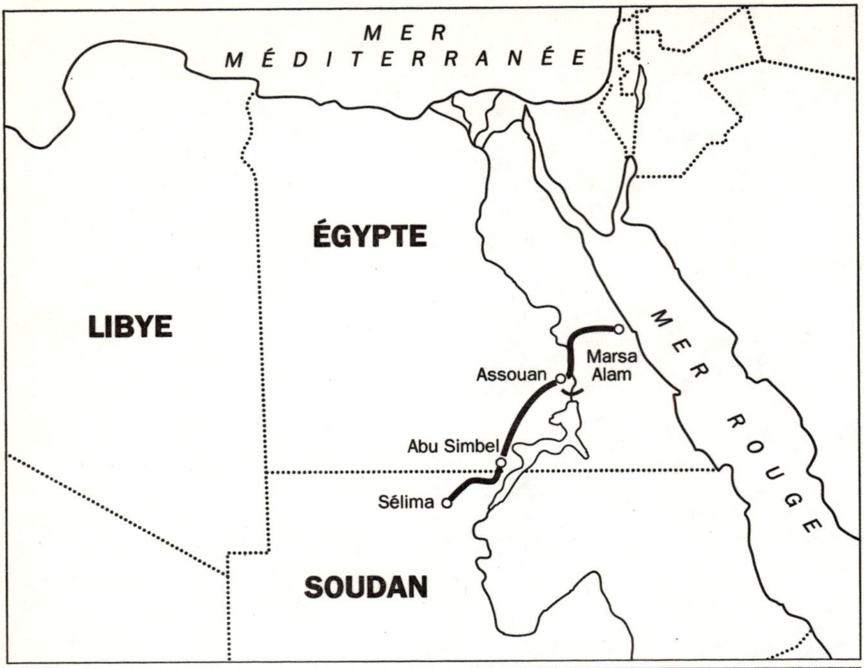
MER MÉDITERRANÉE
ÉGYPTE
LIBYE
MER ROUGE
Marsa Alam
Assouan
Abu Simbel
Sélima
SOUDAN

TURQUIE
SYRIE
LIBAN
ISRAËL
IRAK
IRAN
KOWEÏT
BAHREIN
QATAR
ÉMIRATS ARABES UNIS
OMAN
ARABIE
YÉMEN
TUNISIE
MAROC
ALGÉRIE
LIBYE
ÉGYPTE
SAHARA OCCID.
MAURITANIE
MALI
NIGER
TCHAD
SOUDAN
SÉNÉGAL
GAMBIE
GUINÉE-BISSAU
GUINÉE
SIERRA LEONE
LIBÉRIA
CÔTE D'IVOIRE
BURKINA
GHANA
TOGO
BÉNIN
NIGÉRIA
LAGOS
CAMEROUN
RÉPUBLIQUE CENTRAFRICAINE
GUINÉE EQUAT.
GABON
CONGO
ZAÏRE
OUGANDA
KENYA
RWANDA
BURUNDI
TANZANIE
ANGOLA
ZAMBIE
MALAWI
MOZAMBIQUE
ZIMBABWE
NAMIBIE
BOTSWANA
SWAZILAND
LESOTHO
AFRIQUE DU SUD
MADAGASCAR

Tout avait mal commencé. D'abord la fameuse « autorisation » du Moukhabarat, autrement dit des services spéciaux égyptiens. J'avais pourtant tout essayé pour l'obtenir au Caire. Allant jusqu'à envisager d'utiliser mon corps pour séduire la charmante Zora, chargée au Press Center de faire avancer le dossier. Les vraies souffrances commençaient déjà bien avant le départ. Le temps qu'elle comprenne que je n'habitais ni au Hilton situé royalement sur la corniche de Nilestreet ni au Sheraton de Geziret avec ses suites climatisées... Ce qu'elle communiquait aimablement sur-le-champ à ses amies collègues, en arabe, attirées comme des mouches sur un pot de miel. « Laisse tomber, il habite à Gizeh. » Charmantes petites fleurs de myosotis. Règle élémentaire : ne jamais laisser paraître inconsidérément qu'on comprend l'arabe.

Cette merveilleuse histoire d'amour ne pouvait malheureusement qu'avorter. Lorsque je pénétrais dans la salle climatisée du Press Center, je représentais l'archétype du journaliste – que je ne suis pas : propre, petite aura de risque et de secrets partagés, notes de frais élastiques... Tous attributs qui contribuent à faire craquer une midinette. Faute de quoi, je m'enferre dans d'intermédiaires justifications d'intérêt pour les nomades égyptiens, de passion pour les sables des déserts, et d'exploit extrême : du chinois. J'aurais mieux fait d'apporter le dernier catalogue de *La Redoute*.

Et encore, elle ne sait pas tout : que je n'ai pas toujours de quoi faire le plein de ma voiture, que je n'ai pas de chaîne stéréo et que j'ai du mal à emmener ma copine une fois par mois au cinéma faute de moyens. Tout mon compte en banque passe en priorité en séjours dans les déserts, suivant le principe élémentaire des vases communicants. Inutile d'expliquer cela : ce serait la plonger inutilement dans un abîme de perplexité.

J'avais également, par acquit de conscience, fait le tour des différents ministères enfouis à différents points de cette immense mégapole de dix millions d'habitants, saturée de pollution et de poussière, ayant pour seule artère viable le Nil, toujours... Des heures et des heures de bouchons dans les éternels taxis jaunes au milieu d'une circulation démente où se mélangent charrettes d'ânes, triporteurs pétaradant fabriqués à l'est et voitures déglinguées.

Pour en arriver finalement au point de départ, la place El-Tahrir au milieu de la ville, avec son building, sorte d'immense paquebot aux flancs noircis par la pollution, qui centralise toute l'administration du pays. C'est une Égypte à des années-lumière de celle des touristes qu'on peut voir à Sahara City avec ses néons et ses tentes pour spectacles de danses du ventre. A l'intérieur, après avoir passé l'obstacle du « bawa », le concierge sentinelle, le spectacle est saisissant : des milliers de fonctionnaires qui discutent, prennent le thé ou simplement penchés, les yeux fixes, une heure sur la même page de leur dossier. Les femmes fonctionnaires, elles, m'adressent un regard accrocheur et velouté, du moins celles qui sont en tailleur et à peu près épilées des jambes. Les autres, en tchador, sont trop occupées à engloutir des loukoums et des pistaches... Dessert du midi ou apéritif du soir... Différents bureaux donnent sur une coursive qui fait le tour d'une cour intérieure sombre derrière un grillage métallique, et on a l'impression que toute la paperasserie produite disparaît au fond de ce gouffre béant. Ne manque que la chasse d'eau!

J'ai pourtant droit à une envolée de lyrisme fonctionnariste : un chef de service au bureau bardé de toute une batterie de tampons divers – symboles de ses attributions – veut faire quelque chose. Rare. Il veut secouer le joug de cette administration pesante. Très bien. Il décroche son téléphone. Brève altercation en arabe, ponctuée de courbettes et de salamalecs, comme si son interlocuteur se trouvait devant lui. Juste le temps du rodage, car il se lance aussitôt dans une longue diatribe, décroche un deuxième téléphone, puis un troisième. Ses assistants l'imitent bientôt, ne voulant demeurer en reste. C'est toute une pièce qui résonne à présent d'éclats de voix subitement enflammés. En chef d'orchestre magistral, il donne le ton, lève les bras, s'emmêlant un peu avec ses interlocuteurs. La sueur commence à perler sur son front, les gestes se font plus saccadés.

On approche du final : les salutations interminables, le verbe qui se radoucit, monocorde. Enfin, le calme dans la pièce. Mon mentor s'éponge le front, commande du thé à la sentinelle vêtue de blanc, coiffée d'une casquette à pompon, qu'on prendrait pour un marin d'apparat. Enfin, il m'adresse un sourire désolé et un peu crispé. Un doute me vient : n'aurait-il pas demandé une recette de cuisine pour sa femme ? Perplexe, je décide d'aller acheter mes chameaux et de quitter cette ville tentaculaire. Au moins, en retrouvant du sable, des roches et un air sec, je me sentirai « chez moi », dans mon élément.

Le lendemain, l'avion d'Egypt Air se range sur le tarmac d'Assouan en Haute-Égypte. Quarante-cinq degrés à l'ombre fin août et le goudron de la piste colle à mes semelles. L'activité militaire semblait très intense vue de haut avec des radars antiaériens enfouis dans le sable et des silos à MIG disséminés tout autour. L'alerte paraît sérieuse et l'éventualité d'une guerre avec le Soudan est à présent envisagée par tous.

Je récupère mon matériel resté en soute. Un instant d'anxiété : le détecteur de métaux sonne à mon passage. C'est bien sûr ma carabine démontée mélangée aux vêtements. Mais il fait trop chaud, le responsable de la sécurité renonce à fouiller. La porte battante franchie, direction le Nile City Hotel, mêlé aux hordes de touristes venus visiter les temples nilotiques. Moi, j'ai d'autres préoccupations : une petite visite de courtoisie à Ismat, une ravissante Nubienne à qui j'avais promis pour rire le mariage trois ans auparavant. La pauvrette doit encore m'attendre. J'ai décidément l'âme bien noire. Aussitôt dit, aussitôt fait. Oui, elle est là, son père me le confirme, tout content qu'il est de me revoir, mais cette chère Ismat a pris dix kilos et a trouvé joli de se faire poser une incisive en or.

Je suis malgré tout très heureux de retrouver des amis et les Nubiens sont des gens incroyablement gais et hospitaliers. Toute la nuit, je la passerai à rire et à voir danser les hommes et les femmes étonnamment belles drapées de noir lors d'un grand mariage au bord du Nil. Je suis le seul Blanc et pourtant les hôtels de luxe ne sont qu'à quelques centaines de mètres.

Le lendemain, les choses sérieuses commencent. Une visite au marché de chameaux de Daraw me laisse morose. C'est un des plus importants marchés sahariens et le plus grand d'Égypte. Le marché est situé en bordure de la petite ville, loin des échoppes et du souk qui ruisselle d'épices : cannelle, coriandre, thym, « carcadeh » (fleurs d'hibiscus avec lesquelles on prépare du thé chaud ou froid), « aradeb »... Sans les felouques et surtout les caravanes chamelières, l'Égypte n'aurait jamais connu tous ces produits.

Un marchand propose non loin du jus de canne à sucre pressée. Ce sont des cannes entières qui sont mises à presser entre deux rouleaux et dont le jus ainsi récolté est immédiatement consommé à la cantonade. Juste à l'entrée, deux grands tapis à l'ombre des claies de papyrus, où l'on prend place pour un verre de thé. Ou pour un marchandage. Le marché lui-même est délimité par un muret de pierres plates. Des centaines de chameaux sont là, pour la plupart arrivés récemment.

Ici, un petit vieux au dernier stade d'un marchandage, une poignée de livres égyptiennes à la main – que tout le monde appelle encore « kuruç » en souvenir de l'occupation turque. On doit sûrement discuter le prix du licol qui, théoriquement, n'est pas compris dans l'achat de la bête. Enfin, la transaction est terminée, les billets changent de main, lentement comptés l'un après l'autre. Plus un, toujours, pour l'intermédiaire.

Là, un homme me propose, à l'abri d'un petit paravent, de venir fumer quelques bouffées de sa pipe à eau. Il dispose de plusieurs narguilés qu'il propose tout prêts avec deux petits bouts de charbon de bois incandescents dans le fourneau. Merci, je ne fume pas. Je ne m'intéresse qu'aux chameaux. Et ils sont quelconques, ces chameaux. J'avise une grande bête brune, mais, en lui tournant la tête, je remarque une grosse enflure due à une infection sur le cou. Tel autre chameau a la bosse blessée par le montant d'une selle de bât. Inutilisable. La plupart sont des grandes montures d'origine sahélienne, assez mal dressées, un peu galeuses, maigres. Bonnes effectivement comme viande de boucherie.

Un blatèrement de fureur qui ne fait pas même tourner la tête des hommes présents : on charge un chameau sur la plate-forme d'un camion. Spectacle habituel pour les coutumiers du marché. La bête se débat sauvagement, ruant, tentant de mordre. Et il ne faut pas moins d'une demi-douzaine de personnes pour la hisser, la pousser, la tirer, l'accroupir et l'immobiliser dans la benne, déjà encombrée des déjections dues à l'affolement.

Tous les chameaux viennent du Soudan, introduits clandestinement, munis d'un certificat vétérinaire factice qui vaut cinquante livres égyptiennes. Mais le moment n'est pas propice (c'est la fin de l'été), les circonstances sont mauvaises (on est à deux doigts de la guerre) et, bref, les chameaux sont médiocres. D'autant qu'ils viennent d'arriver de leur longue marche et qu'ils ne sont pas prêts à repartir immédiatement.

En revanche, je me suis fait un ami, Nasser, un Arabe Saïda du sud de l'Égypte, âgé d'une vingtaine d'années. Une chevelure bouclée mais coupée ras, imberbe malgré quelques poils longs sauvages au menton. Des yeux noirs, sérieux. Il est vêtu d'une « gellabieh » blanche à manches longues et chaussé de souliers en cuir datant d'un autre âge. Lorsque je l'ai aperçu pour la première fois, il aidait à charger les chameaux sur les plates-formes de bennes de camion, travail rude et salissant s'il en est. Il m'explique qu'il ne fait pas cela régulièrement. Normalement il est en collège supérieur, mais il fuit les cours le plus souvent possible afin de gagner quelques livres égyptiennes pour aider sa famille. Il est naturellement très ouvert et souriant. Insouciant. Comme le sont souvent les démunis dans ce pays. Aucune misère malgré la pauvreté. On va à l'essentiel sans fioritures : la famille, la nourriture quotidienne, si possible avec viande. Le reste à l'avenant. Il m'envie certainement pour mes « richesses » d'Occidental. Et moi, j'aime bien sa vie simple mais en même temps très responsable.

Les Arabes Saïda sont parmi les rares Égyptiens à avoir eu des antécédents bédouins, contrairement aux fellahs qui sont uniquement agriculteurs dans les jardins irrigués du Nil. Pas la même mentalité.

Avec Nasser, je sillonnerai tout le sud du pays à la recherche de bêtes capables de supporter la longue route qui m'attend. Ainsi, plusieurs jours de suite, comme d'autres prennent un Caddie pour aller au supermarché, nous emprunterons le camion de Saïd et, tous les trois, nous fouillerons les pâturages de haute Égypte avec notre quinze tonnes. Les chameaux achetés par des négociants à Daraw sont parqués sur les champs de maïs ou de papyrus – après la récolte – pour les engraisser avant de les expédier par train aux abattoirs des villes surpeuplées du Nord.

Le premier chameau, je l'achèterai quatre mille francs français. C'est cher, mais comme le vendeur m'a juré par Allah qu'il n'avait pas de tare cachée... Je compte sur Allah pour punir l'éventuel parjure. Le second n'est dressé que sommairement, mais il a une blancheur de neige et paraît très robuste. Il servira aux bagages et à l'eau.

Enfin, après deux semaines de recherches, de négociations ardues, de marchandage et de kilomètres parcourus en camion, nous parvenons tous les cinq – un Saïda, un Nubien, deux chameaux et moi – sur les plages de la mer Rouge. Charger les bêtes dans le camion n'était pas une mince affaire, les décharger non plus. Plusieurs personnes accourent à notre aide pour maîtriser les deux bêtes rendues à moitié folles par le voyage dans un véhicule qu'elles ne connaissent pas et qu'elles n'ont certainement jamais vu.

L'essentiel est qu'elles ne se dirigent pas vers les barbelés à deux cents mètres qui délimitent les terrains minés depuis la guerre des six jours, comme c'est souvent le cas sur les côtes égyptiennes. Enfin calmées, je les entrave sur le sable humide, le poil encore hérissé et trempé d'excitation, l'œil révulsé et la gueule ouverte à blatérer. J'espère que j'aurai droit à des chameaux plus calmes demain pour ma première journée de méharée. Je passerai encore la nuit avec Nasser, en appréciant pleinement ce dernier contact humain. La plage n'est pas très belle, avec de petites villas de fonctionnaires et une unique jetée pour les rares felouques de pêcheurs et de trafiquants. Nasser disparaît au milieu de la nuit pour revenir avec deux vieux sacs de jute. Ce sera, m'explique-t-il, pour isoler de la bosse du chameau, parce que, avec les selles ababda dont je dispose, on est assis directement sur la bosse. J'apprécie cette dernière attention à sa juste valeur et je me promets dès le lendemain de tester la différence.

Le 4 septembre vers midi. Nasser est parti dès l'aube à bord du camion dans un nuage de poussière. Et me voilà dans les collines des abords de la mer Rouge, ayant déjà avalé la mince bande de la plaine alluviale bordant la mer.

Il n'y a presque plus de nomades en Égypte : de rares Bisharin ou Ababda vivant misérablement avec quelques chèvres dans ces gorges resserrées et très chaudes. Les roches noires captent la chaleur et la proximité de la mer n'y change rien. Les chameaux s'arrêtent quelquefois devant des touffes d'herbe bien drue, avec de petites fleurs jaunes. Par contre, ils dédaignent totalement d'autres buissons de couleur gris-vert. Ces plantes de l'Eastern Desert me sont inconnues, et je fais confiance à l'instinct des animaux pour faire le tri. D'ailleurs, chacun des deux a une préférence marquée pour certaines variétés. C'est normal, ils proviennent d'une région différente avec des plantes qu'ils connaissent. Je les laisse déambuler de touffe en touffe quand il y en a, tout en gardant un certain rythme de marche. Sauf quand, délibérément, ils font mine de s'installer au pâturage. Là, une injure bien marquée : « *Imche,*

Haluf Kébir », intraduisible, et un léger coup de talon sur le cou, qui remettent de l'ordre dans la petite caravane.

Les étapes défilent ainsi au fil des jours : Sheikh Schazli, un lieu saint dans le désert de Nubie où Mahomet s'était, paraît-il, rendu, qui attire des milliers de pèlerins en période de ramadan... Barramiya, une ancienne mine d'or abandonnée où j'ai la joie de découvrir une citerne d'eau en bon état... Une base aérienne désaffectée cachée dans le désert...

Enfin, le cinquième jour, arrivée au Nil que je vais suivre durant deux autres journées jusqu'à Assouan. Quelle différence ! Des fellahs consciencieux, qui repiquent et irriguent constamment leurs champs d'épandage, de papyrus, de luzerne ou de doura ombragés de citronniers, de figuiers et d'eucalyptus.

Malgré tout, je dois surtout surveiller les chameaux pour qu'ils ne boivent pas l'eau stagnante des canaux d'irrigation. Quant à moi, je me désaltère aux nombreuses « zif », ou amphores en terre cuite qui parsèment tous les sentiers de la vallée du Nil. L'eau est délicieusement fraîche. Je refuse de faire le lien entre l'eau des amphores et l'eau douteuse des « seqiya », mais il est évident qu'il s'agit de la même, toujours l'eau du Nil... De toute manière, à force de boire n'importe quelle eau depuis des années pourvu qu'elle soit à peu près liquide, j'ai un organisme complètement immunisé. Le second chameau, celui que j'ai instauré porteur d'eau, confirme ce que je pensais de lui : il n'est pratiquement pas dressé. Il se précipite sans discernement sur les plantes des jardins, le toit de palme des maisons et le chargement des ânes. J'ai beau essayer de m'excuser pour lui, de le qualifier de gros porc auprès des populations locales, rien n'y fait et j'entends plusieurs fois des imprécations en arabe, alors que les gosses s'égaillent aux alentours, effarouchés. Les chameaux sont presque inconnus des fellahs du Nil et je me sens dans la peau d'un nomade venu razzier comme aux temps anciens. Mes bêtes ne sont vraiment pas faites pour vivre ici, comme des vaches dans une étable, à manger du papyrus et à abriter des tiques volumineuses. D'ailleurs, elles en attrapent même la diarrhée.

Après deux jours de moiteur fangeuse et tropicale, je retrouve les environs d'Assouan et Nasser, heureux de me retrouver après cette première étape. Je n'allais tout de même pas périr dans ce misérable « petit » désert de Nubie qu'on traverse en cinq jours. Nous dînons sobrement de galettes de manioc trempées dans diverses sauces, de « foul » (plat de fèves traditionnel du Nil) et de citrons confits.

Nasser et son père – un brave homme qui a passé la moitié de sa vie en Arabie Saoudite pour n'en ramener qu'une camionnette Toyota avec laquelle il travaille – veulent absolument me garder pour la nuit. Il n'en est pas question. J'ai une visite à faire au colonel du Moukhabarat à Assouan, informé de la présence d'un Blanc à chameau dans le sud de l'Égypte. Une douche à mon hôtel, une chemise propre et me voilà devant la porte de la caserne des forces spéciales : des barbouzes en civil, de ces petits indicateurs qui pullulent dans les villes du Sud, et quelques gradés en uniforme, les seconds nettement plus gras et le visage systématiquement barré d'une moustache noire et drue...

Évidemment, nous sommes à deux doigts de la guerre du Golfe et l'Égypte est en première ligne dans la croisade anti-irakienne. On redoute un attentat et tout le monde est suspect. Moi le premier, évidemment. D'ores et déjà, il est interdit d'emprunter le trottoir longeant l'édifice de la police d'Assouan sur la route de la caserne. J'ai entendu hier soir à la radio qu'on avait tenté de voler des plaques minéralogiques d'une voiture diplomatique de l'ambassade américaine au Caire... Pour les utiliser sur une voiture piégée. Le contexte est donc très loin d'être favorable. Mais je sais que, de toute manière, j'aurai beaucoup de mal à justifier un intérêt pour les nomades, pour leur mode de vie et surtout leur adaptation au désert.

J'ai avant tout envie de connaître les secrets qui font que ces hommes peuvent vivre dans un univers hostile extrême. Grâce à leurs bêtes, chameaux et chèvres. Grâce surtout à leurs techniques, car avoir des chameaux et se retrouver dans le désert ne signifie pas de loin savoir les utiliser correctement pour survivre. A plus forte raison pour vivre durablement.

Le colonel Abbas est un homme du désert. En civil, cheveux ondulés encadrant un visage émacié, les joues et le menton bleus d'une pousse de poil vivace, des yeux noirs et vifs qui dénotent un être à la fois actif et intelligent. Il passe sa vie à traquer trafiquants et islamistes intégristes et, la glace rompue, me raconte ses plus belles prises. Mais les ordres viennent d'en haut, du major Samhi et du Caire. Pas question de quitter l'Égypte en chameau, obligation de dupliquer photos et films et d'en fournir la copie au Moukhabarat, et présence obligatoire d'un homme du Moukhabarat. Mon cerveau fonctionne à toute vitesse, mais il n'y a malheureusement rien à faire pour l'instant. Je réponds donc affirmativement à toutes les injonctions, sans chercher à discuter, ce qui ne servirait d'ailleurs à rien, si ce n'est à attirer une attention redoublée sur mon cas. « *Thank you very much, sir! If it's for my security...* » (« Merci beaucoup de vous préoccuper de ma sécurité... ») On m'amène donc une de ces petites frappes que j'ai vues à l'entrée, barbouzes de bar et petits indics minables.

C'est tout d'abord sa petite taille qui étonne : un mètre soixante au plus. Mais son visage est celui d'un adulte, légèrement marqué. Difficile de lui donner un âge. Entre vingt-cinq et trente ans peut-être. Il est vêtu d'une tenue de sport écarlate trop grande pour lui et de souliers en cuir verni : curieux mélange, mais les goûts et les couleurs ne se discutent pas. En tout cas, je déteste et les tenues de sport écarlates et les souliers trop bien vernis... Et plus encore être restreint dans mes mouvements.

Le colonel lui explique calmement et posément ce qu'il attend de lui. Le lui répète. L'interroge à nouveau afin de vérifier que mon futur compagnon a bien compris. Au point que me viennent des doutes sur la finesse d'esprit de ce dernier. Mais le colonel Abbas est un renard et tout tient en « une » mise en garde : ne pas me lâcher d'un pouce. Surtout pas. Ou tout le monde se retrouvera au déminage des plages égyptiennes ou en poste avancé dans le désert du Sinaï. Au moment de quitter la pièce, Adel est encore rappelé. A-t-il bien compris cette fois ? Sur le pas de la porte, je l'entends répéter, une fois de plus, ses consignes d'un ton monocorde.

« *My name is Adel.*
– Enchanté, Dugland, moi on m'appellera *sir!* »

Les rapports sont déjà établis et j'ai en tout cas deux avantages sûrs : il ne comprend apparemment rien aux chameaux ni aux phrases en français que je marmonne dans ma barbe mal rasée de quelques jours. Je décide aussitôt de lui attribuer le chameau le plus rétif, histoire d'égayer au moins cette longue marche qui doit nous mener d'Assouan aux abords de la frontière soudanaise, à Abu Simbel. De là, les autorités me laissent deux solutions : revenir avec les bêtes et les embarquer sur une barge spéciale pour le Soudan. Coût : vingt-cinq mille francs. Exclu. Ou alors les revendre, embarquer sur le Nil et en acheter d'autres au Soudan. Exclu. Tout simplement parce que les Soudanais ne tolèrent aucun étranger sur leur territoire et que je n'ai ni visa ni autorisation. Et que d'ailleurs eux-mêmes ne contrôlent pas le nord-ouest de leur pays, cédé contre je ne sais quoi aux Libyens. Une dernière solution a depuis longtemps germé dans mon cerveau réfractaire, mais je l'y laisse pour l'instant soigneusement enfouie.

« Adel, tu traînes ! »

Il me supplie de passer chez lui le lendemain avant le départ. Je jette un coup d'œil à ses escarpins à bouts pointus consciencieusement vernis et un sourire naît au coin de mes lèvres. Effectivement, pour parcourir le désert...

« *OK, you have two minutes tomorrow morning, do it quickly!*
– *Thank you, sir!* »

Le lendemain vers midi, Adel s'est déjà fait rouler deux fois dans la poussière par sa monture, malgré les innombrables coups de trique qu'il lui assène... et peut-être à cause de cela. Mais ce n'est pas mon problème, et puis le chameau est un animal fier, physique et individualiste... Quelque temps plus tard, je manque m'étrangler de rire en me retournant aux appels de détresse derrière moi. Le chameau d'Adel, fatigué des multiples coups portés à tort et à travers par son passager, a simplement décidé de rentrer en marche arrière dans un acacia épineux. Le malheureux Adel se retrouve suspendu aux épines acérées, immobilisé sans pouvoir descendre de sa monture ou seulement la faire avancer. En voilà un qui doit regretter les traques stériles des innombrables laiderons blonds et fadasses, innocentes touristes allemandes ou suisses assises aux terrasses des cafés d'Assouan.

    Question chaleur, nous sommes quittes. Le soleil est torride vers cette fin du mois de septembre. De plus, la morphologie du terrain est bouleversée par la montée des eaux du lac Nasser après la construction du barrage d'Assouan. Ce qui était auparavant un véritable paradis terrestre avec des villages nubiens remplis d'enfants gais et rieurs, des églises chrétiennes coptes millénaires, des palmeraies généreuses et des nuées de felouques blanches sur les méandres du Nil, tout cela est actuellement enseveli sous les tonnes d'eau de la retenue du « High Dam ». Nous cheminons donc en amont des « wadi , anciens cours d'eau à sec qui approvisionnaient le Nil, dans des paysages secs et désolés, sans la moindre touffe de végétation. Ça n'est plus le désert de Nubie, l'Eastern Desert, c'est une zone immense qui commence... C'est l'abord du plus grand désert du monde, et la frange orientale du désert de Libye. Certains lieux portent encore le nom que leur avaient donné les anciens habitants des villages engloutis : Kalabsha, Toesca... Tous à présent habitent des constructions de béton, dans des villages reconstitués et factices. Mais ils sont tellement gais...

    Les rives du lac sont à quelques dizaines de kilomètres à l'est, mais je sais qu'elles sont spongieuses et inhospitalières. A deux, les réserves d'eau s'épuisent très vite. A plusieurs reprises, nous rencontrons des patrouilles du Moukhabarat, ou parfois de simples casemates isolées dans le désert, avec une ou deux sentinelles aussitôt déridées lorsque l'autre sort sa carte du Moukhabarat, une espèce de torchon muni d'une photo et d'un tampon. On l'entend à chaque occasion raconter ses exploits émérites de chamelier du désert. A l'écouter, il connaît toutes les astuces et tous les secrets des sables. Lui, les patrouilles, il ne les fuit pas, il les attire, avec sa tenue de sport écarlate et... ses souliers à pointes vernis. Je crois qu'il m'a roulé le premier jour en faisant un détour par chez lui.

Plusieurs fois, nous croisons de nombreuses traces de passages de chameaux. Ce sont des trafiquants kebabish venus au Soudan. Ils se déplacent presque exclusivement la nuit, autant pour éviter les contrôles que pour profiter de la fraîcheur. On ne les aperçoit pratiquement jamais et tout contribue à les auréoler de mystère. Même lors des transactions de chameaux au marché de Daraw, ils ne sont déjà plus présents. Cantonnés sur la rive ouest du Nil, ils revendent tout le lot (mâles, femelles et même chamelons nés pendant la longue caravane) à d'habiles négociants arabes.

Pourtant, un soir, alors qu'Adel et moi sommes occupés à la préparation du maigre repas fait de galettes et de soupe, cuites avec le peu de bois ramassé de place en place au cours de l'étape, nous percevons tous deux un bruit inhabituel dans le silence de la nuit : des claquements de fouets et des cris de bergers qui se rapprochent... Un troupeau passe, juste derrière le mamelon qui nous abrite, et on entend à présent très distinctement les éclats de voix et le blatèrement des chameaux de la caravane.

L'« autre » est terrorisé et me fait signe de garder le silence. Évidemment, s'ils l'attrapent avec sa minable petite carte du Moukhabarat en poche, du haut de son mètre cinquante-cinq, ils pourraient très bien lui faire le « supplice soudanais » : chaque membre attaché à une patte de chameau et le ventre ouvert au couteau. Si on attache un bout d'intestin à un arbre et qu'on fouette l'animal, c'est plus distrayant mais malheureusement plus rapide. Or, les occasions de s'amuser sont rares dans le désert. Cela ne vaut d'ailleurs pas les distractions des Danakil qui coupent les testicules de leurs ennemis pour les offrir à leur fiancée. Mais d'esthétique que cela pourrait être, ça devient vite des petites choses racornies et desséchées.

Adel en est là. Je ne peux m'empêcher de lui demander à très haute voix claire la raison de son mutisme et d'expliquer que les Kebabish sont des gens charmants et d'admirables éleveurs. Heureusement que les claquements de fouets et le martèlement des soles sur le sable s'éloignent, car je le sens proche de la syncope. Je suis d'ailleurs persuadé qu'ils ont aperçu notre maigre feu. De cette journée, il me demandera régulièrement ma petite radio qu'il collera toutes les nuits sur son oreille, enseveli sous sa couverture, mon couteau ouvert dissimulé sous ses effets.

Au fil des jours également, les chameaux maigrissent. Il n'y a pas de pâturage par ici, et ils refusent le « doura » (maïs) que je leur réservais : cela leur donne trop soif. Or, les citernes naturelles qui jalonnent l'itinéraire sont toutes asséchées. Au début, les selles tenaient bien sur la bosse des chameaux. Il s'agit d'une armature de bois qui encadre la bosse, prenant appui sur des coussinets d'étoupe de fibre de palmier. A présent, les selles glissent sur le côté. Il faut utiliser deux sangles supplémentaires qui ont l'inconvénient de leur comprimer le bas-ventre. Comme ils sont tous deux castrés, cela n'a d'ailleurs plus grande importance.

Six jours après notre départ d'Assouan, enfin, nous arrivons aux alentours d'Abu Simbel, terme de notre étape commune. Nous sommes en fin d'après-midi, mais le soleil est encore dur. D'ici, je devrais normalement réacheminer les bêtes par route sur Assouan. Il n'en est pas question. Je me dirige résolument vers le caravansérail d'Ahmed, le métis nomade dont des trafiquants m'ont préalablement parlé, au cours d'interminables discussions, un verre de thé à la main, à s'échanger les nouvelles du désert.

J'explique à Adel que les chameaux ont avant tout besoin de nourriture et de repos. Ce qu'il concède d'autant volontiers que lui-même est en piètre état physique et psychologique. Ses superbes brodequins sont à présent tout décousus et le cuir en est racorni (quoiqu'il ait très peu marché et effectué pratiquement toute la distance à dos de chameau). Sa peau a noirci, de sorte qu'on le traite à plusieurs reprises de nomade soudanais, ce qu'il prend très mal. Mais il est avant tout pressé de rentrer à sa caserne et de déblatérer ses exploits de caravanier devant un public conquis d'avance. C'est pourquoi, lorsque je lui annonce que je rentrerai avec lui en voiture le soir même à Assouan pour rendre compte à ses supérieurs de ses qualités émérites, quitte à récupérer mes bêtes plus tard en camion, il se déclare satisfait. Il souhaiterait simplement passer une dernière nuit dans un de ces palaces pour touristes, nombreux à proximité des temples d'Abu Simbel. Encore une scène! Je m'emporte, lui jette une boîte d'allumettes en travers du visage, l'insulte en arabe et menace de lui « claquer le beignet ». Il obtempère aussitôt. Affaire close. La première voiture nous ramènera à Assouan.

Mais avant tout les chameaux... A l'arrivée au caravansérail, pauvre cahute de tôle ondulée, de cartons et de vieilles planches, quelques nomades kebabish nous accueillent chaleureusement. Eux-mêmes sont arrivés deux heures plus tôt et leurs chameaux s'égaillent aux alentours. Ils m'aident à décharger et à abreuver les bêtes qui en ont bien besoin à une citerne immense où tous les chameaux viennent constamment boire, suivant leur envie, faisant la navette entre d'immenses bottes de zril éparpillées par terre et l'eau. Les marques des différents niveaux de la cuve témoignent des quantités énormes ingurgitées.

Des attaques d'intimidation éclatent parfois entre les vieux mâles du troupeau. La graisse accumulée au goitre et sur la bosse en signe de virilité tremblote à chaque pas de leur course saccadée, donnant une piètre image de leur vigueur masculine. Mais les fouets remettent vite de l'ordre dans la « hamla ».

Ils sont cinq Kebabish et sont en marche depuis dix jours, depuis Dongola avec cinquante chameaux. C'est du moins ce qu'ils m'expliquent, tous réunis autour d'une pâte de maïs noyée de sauce à l'oignon où chacun trempe ses doigts à tour de rôle. C'est délicieux après ces jours de frugalité. Nous discutons de choses et d'autres, et leur admiration paraît sans bornes devant ce « nasrani » pouvant voyager seul avec ses deux chameaux. La discussion dérive sur les difficultés accrues aux frontières et les tracasseries interminables du Moukhabarat. Adel semble se voûter encore plus que ne le permet sa petite taille. Il tire de plus belle sur sa pipe à eau dont il ne se sépare jamais et, s'il pouvait disparaître sous terre, il le ferait certainement. Toutefois, au moment où la discussion devient un peu trop précise, je pose discrètement un doigt sur mes lèvres et mes interlocuteurs comprennent aussitôt.

Ahmed écoute, attentif et réservé derrière ses éternelles lunettes de soleil. L'hospitalité de sa pauvre demeure durant ces quelques moments paraît un luxe inaccoutumé. Dans un coin, un casier d'oignons, deux ou trois poules qui caquettent près de la natte servant de mobilier. A l'extérieur, un Kebabish est en train de coudre habilement une pièce de cuir directement sur la sole usée d'un chameau, au moyen d'une aiguille et d'un lacet de cuir. Ses gestes sont sûrs et précis.

Tous sont extraordinairement beaux, grands, bruns et fins, en particulier un vieux à la tunique sale et défraîchie mais aux yeux perçants, le visage grave mangé par une barbe blanche de prophète : le guide. Celui qui connaît. Nous nous sondons, avec respect. Lui, sa vie est sur la piste du désert. Mais que pense-t-il de ce nasrani à chameau ? En tout cas, il a immédiatement remarqué à mes gestes certaines habitudes sahariennes qui ne trompent pas, et cela doit le plonger dans un océan d'interrogations.

J'aurais voulu rester là des heures, mais Adel, qui était parti chercher un véhicule, vient m'avertir que le conducteur nous attend. Un bref salut et les dernières recommandations à Ahmed concernant les chameaux. Autant les salutations de bienvenue sont longues, autant les formalités de départ sont réduites à leur plus simple expression. On part, simplement, sans se retourner.

Le lendemain matin, de retour à Assouan, Adel toujours sur les talons, nous voici devant le portail en fer de la caserne du Moukhabarat, située à mi-chemin entre la ville et le barrage. Le colonel Abbas, en civil, nous reçoit fort aimablement, s'informe de ma santé, et de celle de mes chameaux. Thé, café « mesbout » turc et palabres. On m'oblige encore à aller récupérer mes chameaux en camion sous la surveillance d'Adel. Inutile de discuter, et je me retrouve perplexe sur le trottoir poussiéreux qui longe la caserne. Le temps de retourner à pied, songeur, jusqu'à mon hôtel, ma décision est prise.

MOUKHABARAT

Une douche, une chemise propre, je ressors après un rapide coup d'œil à ma glace : yeux bleus très clairs tranchant sur un visage très brun complètement éclaté, cheveux blonds délavés par des semaines de marche au soleil, une mèche presque blanche tombant sur le front. OK, OK ! Presque aussitôt, j'avise une touriste suisse à la terrasse de l'hôtel, un peu fade, un peu empâtée, mais « gentille ». A ma question : si je pouvais m'asseoir à sa table, elle se précipite pour débarrasser les chaises environnantes des magazines insipides et des lunettes de soleil qui y traînent. Je lui narre brièvement les quelques semaines passées avec mes chameaux. Elle semble captivée et ne me quitte plus du regard, les yeux arrondis et la bouche entrouverte en cul de poule. Puis de s'exclamer : « Oh ! Je n'avais jamais rencontré un aventurier ! » Amusant, mais elle va certainement vite le regretter.

A mon cinquième café turc, j'en suis à détailler les différents pays africains où je me suis rendu. En fait à peu près tous, sauf ceux de la corne et d'Afrique australe, depuis bientôt quinze ans où je ne suis en France que six mois par an en moyenne. Le Niger où, un an plus tôt, j'ai eu un très grave accident de moto, seul sur une piste où j'ai percuté une chèvre à cent trente kilomètres à l'heure. J'ai eu l'accident à 9 heures du matin, on m'a allongé sur le lit d'un dispensaire le soir à 21 heures. La couverture sur laquelle on m'avait allongé était rouge de sang. Trois jours de coma. Un mois et demi en dispensaire de brousse à attendre que les os se remettent d'eux-mêmes... avant de réenfourcher la moto et de repartir. Le Cameroun où, en 1984, j'avais failli me faire écharper par la foule lors d'un putsch raté, mais où un Blanc seul dans la rue est une friandise peu courante. Le Nigeria où ma voiture avait explosé : brûlures au deuxième degré sur tout le corps et le visage. Pas de médicament. Visite au sorcier : un petit sachet de poudre acheté cinq francs, puis un gamin qui me poursuit dans la rue : « Patron, patron, il ne faut pas prendre ; c'est pour faire plus mal parce que tu es blanc ! » Pourtant, Dieu sait si j'aime l'Afrique. Mais j'ai dû me confectionner un blindage d'acier, physiquement et psychiquement soumis à des épreuves insensées.

Mon sixième café turc a pris le temps de déposer son marc. Mon interlocutrice, tout en remuant sa cuillère dans son thé depuis quinze bonnes minutes, ne me quitte pas des yeux. Je lui demande si elle peut me rendre un service.

« Mais bien sûr, tout ce que tu voudras ! »

Nous nous dirigeons donc vers la réception de l'hôtel et je m'adresse à la réceptionniste, qui foudroie aussitôt la nouvelle venue du regard.

« *For my last night in Aswan, I go with that miss in her hotel, the Cataract Hotel.* » (« Pour cette dernière nuit, je la passerai avec mademoiselle à l'hôtel Cataract. »)

Puis je fais acheminer mes bagages jusqu'à un taxi, et tout se passe de manière tellement ostensible que même un indicateur sourd, aveugle et muet se rendrait compte de la situation. Je prends place à l'avant aux côtés du conducteur, et nous engageons un marchandage en arabe auquel la passagère suisse à l'arrière ne comprend rien. Bon, il est d'accord, mais il faudra passer acheter des sandwiches. Pendant ce temps, la voiture a longé la promenade des bords du Nil et s'est engagée dans l'allée conduisant à l'hôtel Cataract, magnifique demeure construite dans le style maure et surplombant les derniers récifs du fleuve. Enfin, le taxi s'arrête devant l'entrée au moment où un groom accourt pour ouvrir les portières. La Suissesse en sort, un peu gauche et visiblement intimidée au moment où je la frôle.

« Bon, eh bien, chérie, ce n'est pas tout ça mais j'ai deux chameaux qui m'attendent dans le désert. »

Puis, joignant le geste à la parole, je lui donne une petite tape sur les fesses en ajoutant :

« J'espère que tu ne m'en veux pas trop. »

Sans attendre de réponse, je me réengouffre par la portière entrouverte et lance au chauffeur, un petit fellah chauve et squelettique : « *We can go.* » Il n'a visiblement rien compris à la situation, mais il démarre en trombe, laissant la moitié de la gomme de ses pneus sur l'asphalte, abandonnant la Suissesse médusée sur le perron de son hôtel.

Direction sud-ouest, je lui indiquerai où stopper dans le désert...

3.

Ash Shimaliya

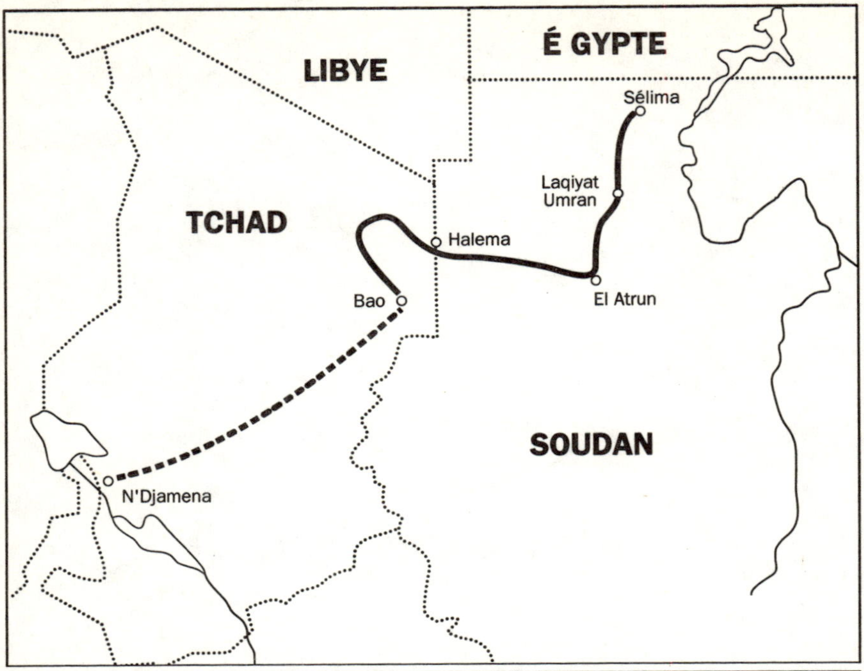
LIBYE
É GYPTE
Sélima
Laqiyat
Umran
TCHAD
Halema
Bao
El Atrun
SOUDAN
N'Djamena

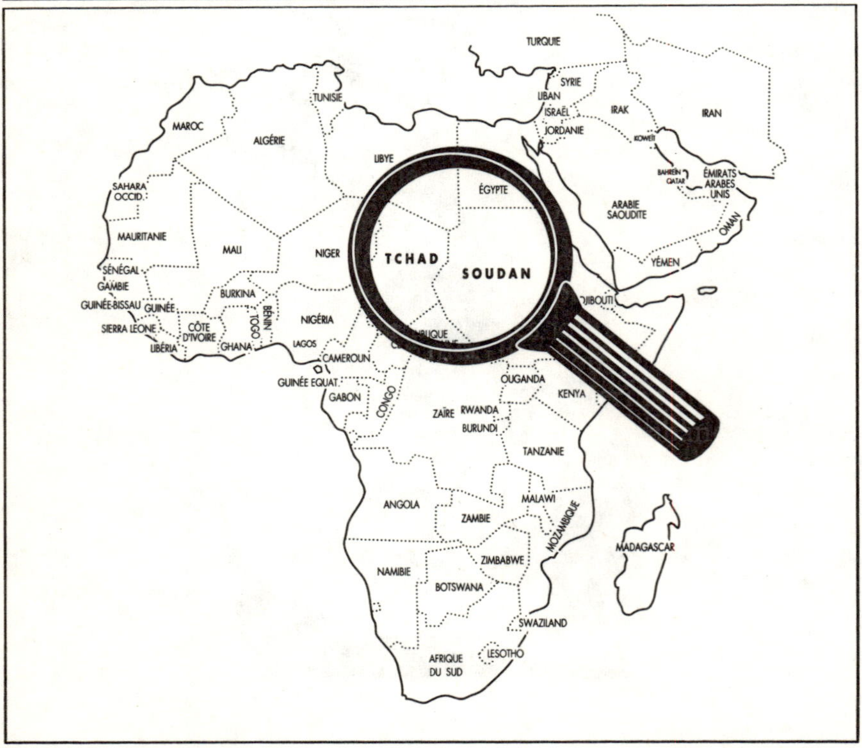
TURQUIE
SYRIE
LIBAN
ISRAËL
IRAK
IRAN
JORDANIE
TUNISIE
MAROC
ALGÉRIE
LIBYE
ÉGYPTE
ARABIE
SAOUDITE
ÉMIRATS
ARABES
UNIS
OMAN
YÉMEN
SAHARA
OCCID.
MAURITANIE
MALI
NIGER
TCHAD
SOUDAN
SÉNÉGAL
GAMBIE
GUINÉE-BISSAU
GUINÉE
SIERRA LEONE
LIBÉRIA
CÔTE
D'IVOIRE
GHANA
BURKINA
TOGO
BÉNIN
NIGÉRIA
LAGOS
CAMEROUN
GUINÉE EQUAT.
GABON
CONGO
DJIBOUTI
OUGANDA
KENYA
ZAÏRE
RWANDA
BURUNDI
TANZANIE
ANGOLA
ZAMBIE
MALAWI
MOZAMBIQUE
MADAGASCAR
ZIMBABWE
NAMIBIE
BOTSWANA
SWAZILAND
LESOTHO
AFRIQUE
DU SUD

Osasis de Sélima au Soudan le 30 septembre. 6 heures du matin.

Je suis prêt à partir et je m'avoue que je ne suis pas mécontent de quitter cet endroit, qui, malgré l'ombre des palmiers, n'est pas un refuge contre les hommes. A tout moment, je m'attendais à voir surgir un véhicule militaire libyen, imprévisible derrière l'éminence qui dissimule l'entrée du ravin, et le bruissement du vent dans les palmes masque tout bruit inaccoutumé.

Dans le reg, on ne peut être surpris de cette façon, aussi c'est avec plaisir que je retrouve ces grandes étendues fauves parsemées d'éminences rocheuses coniques. De plus, on peut y tracer de très bons caps à la boussole, car il y a toujours un mamelon ou un relief caractéristique qui accroche le regard et qui se situe dans l'axe de ma visée. Il suffit de piquer dessus pendant des heures, puis de l'escalader pour le plaisir de profiter d'un relief.

Le pas des chameaux est lent et régulier. Avant de partir, ce matin, je les ai abreuvés une dernière fois à l'oglat, mais ils ont refusé l'eau offerte. Puis j'ai chargé les sacs du fourrage que j'avais récolté la veille. En effet, utilisant mon couteau comme une faucille, j'avais coupé deux ballots pleins d'herbe verte et tendre qui afflue ici, mélangée à des branches de palme verte et des branches de palme sèche. De quoi nourrir les bêtes, au moins quelques jours, dans cet océan de roches et de sable. J'espère que par la suite, après avoir traversé l'Ash Shimaliya en diagonale (la partie soudanaise du désert de Libye), zone aride s'il en est, apparaîtront les premières plantes de « gizzu ». Le gizzu, c'est un type de plante du Soudan. C'est également une pratique des Kebabish qui consiste à nomadiser, dans la zone sud du désert de Libye, les animaux se contentant de l'eau des plantes et les hommes se contentant du lait des chamelles. Je ne verrai pourtant sûrement pas de transhumance, je serai encore trop au nord dans le désert. Gizzu vient de l'arabe « gaz » qui signifie vivre sans eau en buvant l'eau des plantes. Qu'on ne s'imagine pas des plantes gorgées d'eau. C'est simplement de l'herbe fourragère ou des arbrisseaux par touffes, parfois secs et bruns s'ils datent d'une ou deux années. Toujours très localisées et en fait toujours rares, ces plantes se nomment « dema », « saadan » ou « saleyam » en arabe. Mais, cette saison, il n'a paraît-il pas plu aux confins du Kordofan et du Darfour. Encore que les Africains soient comme les paysans de chez nous et se plaignent toujours des mauvaises conditions climatiques. Peu de chances de voir le désert verdir comme certaines années. Ici, il ne verdira de toute manière plus jamais. L'Ash Shimaliya est devenu stérile. Comme un vieux désert qu'il est. Avec ses cratères sableux, ses sillons et ses excroissances, sans la moindre végétation. On dirait simplement la lune.

Les seuls repères qui ne soient pas minéraux sont les nombreux squelettes de chameaux blanchis. Parfois complets, parfois disséminés sur plusieurs centaines de mètres par un chacal qu'on a pourtant du mal à imaginer par ici. Ce sont des reliques. Les reliques des anciennes caravanes de natron. Plus de peau, même desquamée ou momifiée, sur les os. Tout cela est vieux, très vieux. Le nombre d'ossements témoigne de l'aridité de ce désert, mais surtout des caravanes immenses de milliers de chameaux, étalées sur des centaines d'années, qui cheminaient sur cette antique piste caravanière. Certaines bêtes se sont épuisées dans un ultime raidillon, sur le chemin du retour, souvent près d'une arrivée d'étape. Elles se tournent alors le dos au vent constant du nord-est et s'écroulent pour ne plus se relever, se laissant distancer par le reste de la caravane. Tout cela pour du natron, une substance blanche et crayeuse qu'on racle péniblement à la surface de la dépression d'El-Atrun, une ancienne cuvette lacustre située à deux semaines de marche. Les caravanes venant du sud s'y rendent encore, mais plus personne par ici. Le natron sert à deux choses aujourd'hui : on le mélange au tabac à chiquer. Tous les nomades en consomment et c'est infect. Sinon, une fois pilé dans un mortier, on l'ajoute à l'eau d'abreuvement des chameaux pendant les cures. Cela raffermit le squelette, paraît-il, donne soif et purge l'animal.

Justement, j'arrive devant un vieux sac de natron éventré et abandonné. Cet objet, si peu habituel par ici, a attiré mon attention au loin, et j'ai fait un léger détour pour vérifier de quoi il s'agissait. Je me baisse pour prendre un de ces petits blocs blancs à la main, puis je le porte à ma bouche. Ça a un drôle de goût : ni salé, ni sucré, ni amer. En fait, fade.

J'arrive à une colline de graviers, petit monticule qu'on croit comme les autres, et je débouche sur un plateau « très » cailouteux, ocre, parsemé d'éboulis. Donc, les cartes qui indiquent toutes du sable jusqu'à El-Atrun sont fausses. C'est au contraire un plateau rocailleux qui commence, le plateau du djebel Abyod, la montagne blanche. Il y a énormément de bois pétrifié. De vraies forêts, souvent des fûts complets de couleur acajou. J'imagine constamment le paysage quelques millénaires plus tôt, avec ses forêts, ses vallons, ses rivières et ses habitants pêcheurs et chasseurs au milieu des troncs immenses. J'essaie de repérer au sol des pointes de flèches ou des racloirs qui attesteraient d'une ancienne présence que je pressens évidente. Mais je n'ai malheureusement pas l'œil pour distinguer un éclat de silex au milieu de pierres métamorphiques polies aux teintes pastel parfaitement naturelles. En revanche, je remarque à maintes reprises ce que je pense être des tombes préislamiques et peut-être néolithiques : plusieurs petites buttes dressées en cercle autour d'une butte plus importante – peut-être le chef – avec la surface recouverte de roche métamorphique violette, légèrement fluorescente la nuit.

De temps en temps, des alignements très géométriques, qu'on penserait être des soubassements de maisons, parfois réguliers. Mais ces lignes marquées au sol peuvent aussi être des affleurements rocheux purement naturels. Cette région est magique. D'autant que très rares sont les personnes qui l'ont parcourue. Il est évident, comme je fuis constamment même les quelques anciennes pistes caravanières, que ces lieux sont foulés pour la première fois.

Même les animaux sahariens ont déserté la zone. Une trace de vipère pourtant, anachronique. Toute petite. J'essaie de suivre son empreinte. Mais les chameaux « sentent » le reptile, peut-être enfoui seulement à quelques mètres sous une mince couche de sable, ne laissant émerger que la tête et les yeux. Ils blatèrent et semblent particulièrement nerveux. Il faut croire qu'ils ont quand même un instinct. Inutile d'affoler les bêtes.

Finalement, la seule présence animale n'apparaît que la nuit. Quand l'obscurité est tombée, que les bêtes sont baraquées après leurs douze heures de marche quotidiennes, entravées à quelques mètres de ma couverture. Quand les derniers gestes nécessaires sont accomplis après le repas sommaire et la nourriture distribuée aux chameaux. Quand enfin je peux m'étendre quelques instants pour profiter d'un repos impossible durant la journée... ils se manifestent... émergeant du sable où ils s'étaient ensevelis pendant le jour. Toutes les nuits. Partout. Des scarabées noirs, trois ou quatre, parfois plus, attirés par les restes de farine, sortant de nulle part. Et on entend sans arrêt leurs pattes griffues s'attaquer à la toile des sacs.

Cela reste un étonnement permanent que de découvrir cette vie nocturne inattendue dans ces parages hostiles. Et je comprends le respect qu'entretenaient les civilisations pharaoniques pour cet insecte. Respect renforcé par son indestructibilité : on a beau essayer de les écraser sous une semelle, lassé de leurs fouissements ininterrompus, ils repartent aussitôt. Ce qui m'inquiète le plus, c'est que l'un de ces insectes me pénètre dans l'oreille au cours de la nuit, comme c'était arrivé à l'explorateur Burton. La douleur est atroce quand les pattes raclent le tympan à la recherche d'une issue. Mais je pense qu'ils sont trop gros. Encore qu'il vaille mieux un scarabée qu'un scorpion, peu prospères par ici, semble-t-il.

Le sixième jour enfin, j'aperçois un arbre au loin. Le temps d'approcher, je remarque que c'est une sorte d'acacia sans épines, sec, mais dont les fanes ont reverdi et pendent aux branches. C'est la simple inversion de la pression atmosphérique à l'approche des terres plus humides du Sud qui a produit ce léger bourgeonnement. C'est le premier signe tangible d'une petite baisse d'aridité quelque part. Mais le Sahel est encore à plus de mille kilomètres et je ne compte d'ailleurs pas m'y rendre. Les chameaux, arrivés à proximité, se précipitent sur ces brindilles vertes. Pour ma part, j'y découvre également de petits fruits rouges que je goûte aussitôt. C'est ma foi bizarre, entre la cerise et la prune, jusqu'au moment où j'avale une baie moins mûre que les autres, au goût tellement poivré que je la recrache immédiatement pour avaler un litre d'eau. De toute façon, à raison de trois baies par arbre et d'un arbre tous les quatre jours, ce ne sera jamais un festin de fruits. Au pied de l'arbre, je ramasse au moins quelques racines mortes pour ma provision de bois. Cela fait quelques jours que j'en manque, et, pour avoir mangé de la farine crue à la poignée plusieurs jours d'affilée faute de combustible, je suis prêt à perdre quelques minutes.

J'ai faim. J'ai tout le temps faim. En fuyant l'Égypte, j'ai dû limiter ma quantité de nourriture transportable pour ne pas attirer l'attention. Au départ, j'avais six kilos de farine, trois kilos de dattes, des bouillons-cubes, du thé et quelques vermicelles. Autant dire rien. Le sucre, je l'ai perdu dès le premier jour. Tombé du chameau. La faim me tenaille donc le ventre, et je dois me rationner strictement. Pourtant, pas la moindre marque d'épuisement. Je me sens au contraire terriblement bien et actif. Par contre, le chameau blanc de queue me donne quelques sujets d'inquiétude : en repartant de l'arbre où les deux chameaux étaient occupés à paître, il s'écroule délibérément par terre, n'ayant visiblement pas l'intention de poursuivre plus loin. Je me précipite aussitôt pour le cingler de sa longe. Surtout, surtout, ne pas tolérer cela. Il doit continuer. Ma vie en dépend à présent, et la sienne également. S'il s'effondre ici, il est mort d'avance, car il ne trouvera pas une goutte d'eau.

Je sais ce qu'il a. Il a le dessous des aisselles des antérieurs affreusement irrité. Il saigne et purule, frotté par une sangle qu'Adel lui avait placée au mauvais endroit en serrant trop fort. Depuis, cela n'a jamais cicatrisé. Il lui faudrait huit à dix jours de repos, mais c'est impossible. Règle essentielle dans le désert : quand il y a peu d'eau, marcher, marcher très vite. Le soir, à l'intérieur d'une dune en forme de U, unique, isolée sur le plateau, complètement retranchée de l'extérieur par les parois de sable verticales, j'essaie encore de le soigner, comme tous les soirs, en le talquant et en le désinfectant. Cela lui fait énormément de bien, mais je sais que le lendemain, après quelques pas, cela recommencera.

Le lendemain, c'est justement le jour où je devrais arriver à Laqiyat Umran, le seul point d'eau indiqué par la carte presque à mi-chemin entre l'oasis abandonnée de Sélima et les mines d'El-Atrun. Après El-Atrun, en principe, plus rien jusqu'au Tchad. Autrement dit, trois points d'eau seulement au Soudan, étalés sur près de mille deux cents kilomètres, et Laqiyat Umran en est le second. L'attention la plus soutenue est toujours nécessaire. N'oublions pas que je me trouve dans ce pays clandestinement. Et personne ne sait même exactement ce qui s'y passe. L'oasis de Merga, à une bonne centaine de kilomètres à l'ouest, est occupée par les militaires libyens qui fournissent une aide logistique aux rebelles tchadiens, pas si éloignés au sud. Que vais-je trouver à Laqiyat Umran ?

En fin de matinée, vers 11 heures, alors que je chemine toujours sur le plateau rocailleux du djebel Abyod, j'ai le souffle coupé par la beauté du site qui s'offre à moi. Une vallée abrupte entaille profondément le plateau à la manière d'un énorme coup de hache. D'immenses dunes sont accoudées à la falaise vertigineuse, et même le vent redouble de violence aux abords de l'à-pic.

Je me doutais bien qu'un point d'eau ne pouvait pas exister ici sans des conditions notables. Le temps de découvrir une descente possible, un impressionnant couloir sableux entre deux colonnes rocheuses où les chameaux rechignent à s'engager, mais où je les précipite de force en les bousculant d'un grand coup d'épaule dans l'arrière-train, et me voici au fond de la Shooty Valley. Reste à trouver le point d'eau. Et à observer les environs à la jumelle. Apparemment, rien si ce n'est quelques buissons. En tout cas aucune présence humaine. C'est le bout du monde. Il y a tout de même une touffe de palme. Pas d'eau. Or il m'en faut, surtout pour les bêtes. Je laisse déambuler les chameaux vers une très faible surface d'herbe à gazelle – quelques mètres carrés –, tout petit gazon frais, et je continue de chercher mon puits. Rien. Par contre, je décèle, pieds nus, une certaine différence de température sous la plante de mes pieds, et, de l'horizon, mon regard glisse vers le sol. Il est humide par endroits. Je me rappelle ce que m'avait dit Théodore Monod, grand spécialiste des déserts, avant de partir : « Il faudra peut-être creuser. » Aussitôt, je creuse comme un furet, avec mes mains, mes ongles, ma cuillère... Premier trou, rien : le sol est trop argileux. Deuxième trou, un mètre de profondeur, l'eau sourd finalement assez rapidement. Je récupère à peu près un seau en une demi-heure. Il est 13 heures à présent, et il faudra rester là quelque temps pour abreuver les bêtes assez sommairement. Je décide de reporter le départ au lendemain matin.

Tout occupé que j'étais à ma quête d'eau – et à séparer les deux chameaux excités par la présence du précieux liquide –, je n'avais pas encore perçu une présence inconnue. Une petite gazelle déambule paisiblement à une quinzaine de mètres de moi, choisissant les pousses de gazon les plus tendres, et complètement inconsciente de ma présence. C'est visiblement la première fois qu'elle aperçoit un être humain. Doucement, je saisis la carabine suspendue constamment à la selle de mon chameau depuis l'arrivée au Soudan, j'épaule, je tire... et la rate. Précision : je tire comme un pied. Évidemment, la gazelle prendra la fuite, mais calmement, au trot, dérangée seulement par ce bruit intempestif. Pour revenir une heure plus tard au même endroit, où je la raterai de nouveau. J'avais pourtant bien besoin d'un appoint de nourriture. Les bêtes ici ne connaissent pas l'homme. Toujours à renouveler ma provision de bois, j'aperçois sous un « talha » ombrageux un surprenant microcosme animal : des traces de gazelles, de chacals, de fennecs, de souris, de lézards, de serpents, de scarabées, de scorpions, plus des fourmis. Tout cela sous le même arbre. Étonnant ! C'est le seul endroit aux alentours où une vie quelconque est possible.

En repartant le lendemain, de l'autre côté du canyon, je remarquerai pourtant le manège bizarre d'un corbeau à plusieurs centaines de mètres. Il virevolte à faible altitude, de manière tellement anormale que j'en saisis mes jumelles. Et j'aperçois une antilope addax extrêmement rare, aux magnifiques cornes en lyre crénelées. Le corbeau cherchait seulement à attirer l'attention de ce prédateur inconnu qu'est l'homme afin de profiter des restes du festin. J'avais déjà remarqué plusieurs fois que les corbeaux en Afrique possédaient un instinct fantastique, en tout cas pour la mort. Mais là, c'est déjà y prendre part.

Sorti de la Shooty Valley, le désert reprend ses droits, toujours aussi aride. Encore six jours – normalement – jusqu'à El-Atrun, si je maintiens ma moyenne habituelle : quarante-cinq à cinquante kilomètres par jour. Les étendues sableuses alternant à nouveau avec les cailloux du plateau, mais les reliefs me rassurent, du moins quant à la possibilité réduite de passage d'un véhicule. Je coupe encore deux grands wadi qui dévalent du plateau, beaucoup moins impressionnants que celui qui abritait Laqiyat Umran, et au relief insuffisamment marqué pour y trouver de l'eau de ruissellement de sous-sol.

La marche est aisée malgré la chaleur qui gagne dès le milieu de la matinée pour ne plus baisser que très graduellement jusqu'au soir. On est encore en octobre. Pas une saison pour voyager. Et surtout pas ici. Il faut, lorsque le soleil est au zénith, recouvrir chaque parcelle de peau au moyen du chèche. Et le paysage est tellement lumineux que les lunettes de soleil sont indispensables. Il faut même rajouter les caches latéraux en cuir pour que la réverbération ne pénètre pas au coin de l'œil.

Jusqu'à présent, j'ai toujours alterné la marche et le voyage à dos de chameau. Pour économiser les bêtes. Également parce que chevaucher continuellement donne incroyablement mal aux fesses, surtout sur les selles utilisées au Sahara de l'Est, où on est directement assis sur la bosse. Le problème, c'est qu'une bosse est une bosse et qu'on glisse constamment contre le montant avant (où on s'écrase les parties) ou contre le montant arrière (ce qui frotte le bas du dos). Les Bisharin, Toubous et autres utilisent des masses de couvertures diverses, et voyagent finalement assis sur leurs bagages.

Sans compter qu'il faut encore et toujours rectifier la direction du chameau avec sa bride. Il ne suffit pas de l'orienter une fois pour toutes. Un chameau est un animal qui a des envies diverses, différentes des vôtres, et il faut les anticiper. C'est pourquoi il est nécessaire de vérifier le cap des centaines de fois, un œil sur la boussole, l'autre sur l'horizon.

Un après-midi, alors que je chevauche toujours la même bête puissante, le second, celui que j'ai depuis longtemps baptisé « Haluf Kébir » (gros cochon), s'approche discrètement par l'arrière et me happe l'épaule dans sa gueule, heureusement sans serrer les mâchoires, avant de relâcher et de reculer aussitôt, retenu par sa bride. Stupeur! Mon pouls monte à cent soixante. Cet imbécile aurait très bien pu me désarçonner. Cet espèce d'innommable... Je l'injurie copieusement, comme j'ai l'habitude de le faire depuis qu'il donne des signes de faiblesse manifeste. Mais je n'arrive pas à distinguer nettement s'il s'agit d'épuisement ou de mauvaise humeur caractérisée parce qu'il est mal dressé. Une chose est certaine, il a compris que celui qui l'obligeait à traverser ce désert inhumain, c'était moi, et il me l'a fait savoir. Et moi, en lui mettant une claque magistrale, je lui ai fait savoir que c'était moi son maître.

J'aime autant marcher, surtout pendant les premières heures fraîches de la matinée, la bride de ma bête passée sur l'épaule. Là, les souvenirs se bousculent dans ma tête : ma famille. Mais même cela est de trop dans ce désert minéral. Il faut simplement choisir son monde. Or ce monde-ci ne tolère pas la sensiblerie, ni pour soi ni pour les autres. Attention constante et volonté sont les seuls gages de survie. Surtout lorsqu'on est seul. Pas de mysticisme. Simplement une solide envie de rester en vie. Et toujours cette faim lancinante. Jusqu'à 10 heures, je pense à un expresso et à un croissant chaud à une terrasse. Puis c'est le tour des pâtes chinoises aux fruits de mer. Enfin... Non, après il fait trop chaud, on veut seulement un jus d'orange très frais. Voilà ce à quoi on rêve dans le désert, uniquement.

Je commence à aimer ces lieux hostiles et à m'y sentir bien. Parfaitement adapté. J'imagine les soldats libyens à l'oasis de Merga. Habitués aux villes arabes du Nord, Tripoli ou Benghazi, le désert doit être un enfer pour eux.

A quoi pense-t-on lorsqu'on est seul dans le désert? Ne souffre-t-on pas de la solitude? Ne ressent-on pas une sorte d'angoisse face à l'immensité vierge? Les gens vous manquent-ils? A toutes ces questions, je répondrai trois fois non. Dans le désert, tout d'abord, on ne pense à rien. On a bien sûr des envies diverses mais qu'il est impossible de satisfaire. Donc, autant les oublier ou les refouler. Il faut simplement s'adapter au terrain, à ses exigences, et cette ascèse astreignante est la base de tout. Oublier ses envies, oublier ses douleurs, sa faim, le vent violent, le froid, la chaleur, la fatigue. Et ne garder que le plaisir immense d'être là, de fouler des lieux fabuleux avec la satisfaction intense que très peu seraient capables de l'endurer. La solitude? Jamais. Parfois, on peut se dire que la « normalité » voudrait qu'on soit attiré par ses prochains. Mais pour quoi faire, finalement? Pour un thé? Je peux me le préparer moi-même et quand bon me semble. Pour un contact humain? Je sais trop que les rapports ne sont dictés ici que par la force et la richesse. La jalousie ou l'envie, comme ailleurs, décident de tout. Mais ici, les forts prennent aux faibles. Avec moi, ils hésiteront peut-être parce qu'ils n'ont jamais vu de Blanc à chameau et qu'ils ne comprendront pas immédiatement. C'est ma chance : profiter de l'effet de surprise. Alors, dans ces conditions, où est l'intérêt humain? En plus, je suis clandestin.

L'angoisse ? Quelle angoisse ? Avec mes chameaux, je suis bien. Indépendant. Un peu de fourrage. De l'eau de temps à autre et une petite appréhension peut-être de savoir que personne ne connaît clairement les limites de la résistance humaine ni les limites de la résistance des bêtes. Après tout, s'il existe tant d'espaces inviolés dans le désert, c'est en fonction de ces limites... Et d'une préparation cartésienne que les nomades sont incapables d'appréhender : tant d'eau pour tant de jours jusqu'à tel puits... Langage incompréhensible pour des nomades qui ne connaissent que ce qu'ils connaissent et rien d'autre.

Quelqu'un qui n'aime pas le désert ne tiendrait pas vingt-quatre heures. Dans ces conditions, il deviendrait fou, ferait n'importe quoi, et sécherait à cent pour cent plus par angoisse que par inaptitude. Ce duel avec le plus grand désert du monde me plaît, me passionne. A armes égales. Pratiquement sans technique. A la force des chevilles. Mû par la volonté. Ceux qui connaissent les nomades savent qu'il n'existe souvent qu'une seule réponse, qu'une seule attitude possible face à un problème. Plus de pâturage : migrer. Plus d'eau : recreuser le puits ou partir. Pour moi, il en va de même à la puissance dix. Aucune inattention. Le moins de hasard possible. Aucun droit à l'erreur. Pratiquement, cela signifie : un bon cap, ne pas tomber du chameau, surveiller constamment ses bêtes, les soulager et les entretenir au maximum, tout endurer sobrement et rester en bonne santé.

Autre inconnue, et de taille, les chameaux tiendront-ils ? Rien n'est moins sûr. Je sais très bien que, s'ils meurent, je mourrai à coup sûr. Sans compter n'importe quel incident qui peut survenir, dont la portée devient immédiatement catastrophique, surtout lorsqu'on est seul.

Toutes ces pensées s'enchevêtrent dans ma tête, mais je les refoule soigneusement. C'est encore le début, il est normal de penser à ces choses : la vie, la mort, le risque... Mais je sais également que la meilleure garantie de survie reste encore d'apporter un soin méticuleux à tout geste. Je sais que les erreurs découlent des maladresses, de l'inadvertance, du manque d'habitude.

Une déviation de quelques degrés dans le cap peut vous faire rater le puits, un chameau mal entravé la nuit peut être votre perte s'il s'enfuit. Une outre à eau qui s'éventre, une mauvaise chute de chameau, un puits comblé, une rencontre malencontreuse, le manque de nourriture pour les bêtes... Tout est possible. Ma meilleure sécurité est de faire les choses bien, calmement, consciencieusement. Ma gorge se noue un peu à envisager tous les risques potentiels. Ce n'est pas la peur, mais c'est tout de même une certaine appréhension. Si j'étais inconscient, je serais foutu d'avance. Aussi suis-je tendu, attentif.

Et cette guerre des sables qui se prépare à la frontière tchado-soudanaise et qui éclatera sitôt la fin de la saison chaude. Justement, ce soir, je suis tombé en arrêt devant une caisse de bois éventrée à terre, le fil de fer tranchant cerclant les planches arrachées, vide. Par contre, des inscriptions cyrilliques sont lisibles sur le flanc et je parle russe. Il y a marqué « Kalachnikov ». Les Russes ont dû armer des caravaniers par ici. El-Atrun est à une journée de marche à présent et je pressens des ennuis. Pourtant, il faudra bien de l'eau. Je sais qu'en cas de capture, soit par les Libyens, soit par les rebelles, soit par les Soudanais (qui viennent de réinstaurer la Charīʿa, la loi islamique), je peux m'attendre au pire.

Le lendemain, donc, je me déplace les jumelles constamment à la main, essayant de naviguer soigneusement pour arriver au moins pile sur le puits et éviter ainsi de farfouiller pendant des heures dans l'oasis, à la recherche d'un trou d'eau. La carte indique quatre ou cinq oglats distincts. Tous ne sont peut-être pas surveillés. Et avec un peu de chance, l'oasis peut être déserte, comme à Sélima.

Je débouche enfin en milieu d'après-midi sur la bordure du djebel Abyod qui prend fin ici et la cuvette d'El-Atrun apparaît à mes pieds, blanche et lumineuse. Pas de dattiers, seulement des bosquets de talhas, à l'emplacement du point d'eau le plus à l'est. J'observe attentivement les environs pendant presque une heure, chameaux baraqués et dissimulés dans un repli de terrain. Apparemment, rien. J'amorce la descente qui mène aux buissons, visant une unique touffe de palme isolée... Et j'aperçois quelqu'un à quelques mètres. Merde – *shit* – bordel – je suis cuit. Surtout ne rien laisser paraître, essayer de rattraper le coup, de sembler naturel et continuer d'avancer. La première personne que je vois me semble bien noire, tout à fait l'aspect d'un Zaghawa, c'est-à-dire l'ethnie prédominante chez les rebelles tchadiens réfugiés au Soudan. La première chose que j'entrevois de son anatomie est sa partie charnue parce qu'il s'était isolé derrière un bosquet à l'abri du regard des autres. Car il y en a d'autres. Évidemment, il ne pouvait pas savoir que quelqu'un viendrait du nord-est. Personne ne vient jamais du nord-est. Je passe à deux mètres de lui sans qu'il manifeste la moindre gêne ni esquisse le moindre mouvement. Il répond même à mon salut. Et je me retrouve au milieu d'une quinzaine de Noirs, dissimulés auparavant à l'abri des talhas.

Salutations en arabe, explications : ce ne sont pas des Zaghawa. Ce sont quatre Rizeïgat – Arabes nomades blancs – propriétaires d'une caravane de quelques chameaux, venus chercher du natron. Les autres, ce sont des esclaves. Plus noirs, ils viennent du Kordofan soudanais et sont destinés à manier les charges matin et soir et à racler le natron une fois sur place. Suspendues à un fil, à l'ombre, des lamelles de viande de gazelle sont mises à sécher. Les selles sont à l'écart, les coussinets déliés de leur armature et servant d'oreillers.

On m'abreuve les bêtes à l'oglat, on me fait le plein d'eau des outres et on m'invite à l'ombre. Des pétales de galette soufflés mélangés à du lait et du sucre me sont servis. Ce sont donc les Rizeïgat qui ont inventé les corn flakes. Ce sont des gens charmants, au demeurant, qui s'enquièrent de mes nouvelles. *Rizeïgat* veut dire « bienheureux » en arabe soudanais et ils sont effectivement propriétaires de riches troupeaux aux alentours du Darfour. Mais ces troupeaux, il faut bien les garder, ce qui justifie de temps à autre une petite expédition en armes chez les Dinka sédentaires du Sud afin de razzier quelques esclaves. J'avais déjà vu cela au Soudan trois ans plus tôt. Pour l'heure, ce sont des nomades très hospitaliers qui me font face, surtout l'un d'entre eux, grand brun en djellaba d'une trentaine d'années, sans chèche, avec qui le dialogue est plus facile. Oui, les troupes libyennes sont à Merga, soixante-dix kilomètres au nord. Oui, les rebelles Zaghawa sont au sud du Wadi Howar, à cent kilomètres, mais même les nomades de la zone n'y vont pas, par crainte des mines et des exécutions sommaires. Il y a même trois policiers soudanais à El-Atrun, au puits principal, à dix kilomètres d'ici. Ont-ils un véhicule ? Non. Ont-ils une radio ? Non.

Je sais ce que je voulais savoir. Inutile de s'attarder. Une heure que je suis ici, c'est déjà trop. Au revoir ! Les chameaux rechignent à reprendre la route, tentés par la verdure et alourdis par les charges d'eau. Je contourne le centre de la cuvette et longe la falaise du plateau, croisant de nombreux layons de pistes caravanières et quelques traces de véhicules, invisibles depuis quelques semaines.

L'obscurité est à peu près tombée, et, en l'absence de repères, je préfère bivouaquer pour ne pas tomber nez à nez avec ceux que j'essaie de fuir. Je les imagine pourtant, reclus entre les murs d'une cahute en terre, à cuire leur « boule » de mil et à compter leurs « kurus » des droits de passage des rares caravanes chamelières. Pourtant, le second chameau, le *looser*, a chaque fois la très mauvaise habitude de blatérer lorsqu'on le baraque. Mais cette fois, exaspéré, j'essaie d'étouffer ses grognements avec les deux mains jointes autour de sa gueule. Le vent porte loin.

Le lendemain à l'aube, même « righa », mêmes blatèrements lorsqu'on le harnache. Mais, heureusement, des collines rocheuses viendront vite masquer la vue vers le fond de la cuvette.

Au cours de la journée, le paysage se bouleverse considérablement et devient sableux, très sableux. Mais ce ne sont pas à proprement parler des dunes qui se forment mais un moutonnement de collines arrondies au sable parfois très mou. Le guide de la petite caravane de Rizeïgat n'a pas pu me renseigner sur cette zone presque inconnue qui s'étend jusqu'au Tchad et jusqu'aux premiers contreforts de l'Ennedi. Les Soudanais restent au Soudan, les Tchadiens au Tchad. Quelques rares Kebabish s'égaillent vers le nord avec leurs chameaux certaines années exceptionnelles. En tout cas pas cette année, ni tant au nord.

Au soir, je trouve un abri fantastique au milieu d'un petit amoncellement de dunes escarpées. Ce sont des dunes accueillantes, avec une très maigre végétation brûlée par le soleil, mais où de nombreuses traces d'addax témoignent d'une réelle vie animale. Ce sont des animaux fantastiques adaptés au désert d'une façon étonnante et capables de couvrir plusieurs centaines de kilomètres à la recherche d'un pâturage éphémère, sans jamais s'abreuver.

J'apprends à évoluer dans cette nouvelle apesanteur, dans cet espace immense où rien n'arrête la vue, si ce n'est l'horizon lui-même. Et toujours le cap, tenir le cap. Dans certaines étendues sans aucun repère, ou lorsqu'un relief masque la progression, tous les sens doivent être stimulés pour dériver le moins possible de la trajectoire donnée. Le moindre petit caillou posé à quelque distance peut servir de repère sur lequel se diriger. Ou parfois seulement la différence de couleur du sable, une tache plus claire ou plus sombre peut suffire à une sommaire visée. Lorsque tous les repères manquent, en quelques pas on peut dériver de plusieurs dizaines de degrés. Dans ce cas, une solution : naviguer avec comme repère l'ombre projetée au sol par ma silhouette ou celle des chameaux. Conserver l'angle entre ma silhouette au sol et la direction à suivre : toujours le même angle... Toujours le même angle une heure, deux heures durant et vérifier la boussole, revérifier la boussole... Et encore. Cette technique n'est possible que le matin lorsque j'ai le soleil dans le dos. Le soir, il faut viser le soleil couchant sur les sables, presque en face de moi. Aujourd'hui plutôt 25° à gauche. Contrairement à ce que l'on pense, le soleil ne se lève pas à l'est et ne se couche pas à l'ouest. Il y a bien 20° d'écart entre la position astronomique et la vraie trajectoire de l'astre.

Mais en conservant un axe type par rapport au soleil ou à son ombre, et en conservant cette allure des jours et des jours, on peut franchir des distances fabuleuses, pratiquement sans l'aide de la boussole.

Parfois, circulant plein ouest, à pied, la corde passée sur mon épaule projette son ombre devant moi et cette ombre vient s'inscrire exactement sur l'ombre du chameau, entre ses deux oreilles.

Tous les caravaniers du monde doivent mémoriser ce type de repère. Je reste persuadé qu'on peut expliquer une route caravanière complète et précise en énumérant ces divers signes avec l'échelle des jours qui s'écoulent, d'étape en étape... Certains caravaniers, Toubous entre autres, utilisent un mors en ferronnerie surmonté d'un cercle que les chameaux portent derrière leurs naseaux. L'ombre de ce cercle projeté au sol indique la direction à suivre, suivant la rondeur de l'ellipse. Avec le soleil dans le dos, plein ouest en automne, c'est un cercle parfait qui s'inscrit devant soi.

En vérifiant parfois ma position astronomiquement, je constate que je dérive rarement de plus de 3° quotidiennement. Quelques centaines de mètres dans l'absolu. Autant dire rien.

Le deuxième jour, je découvre un arbre majestueux et anachronique dans cette étendue de sable. Une île au milieu d'un océan ocre. En m'approchant, toujours pour satisfaire l'appétit de mes chameaux, je me rends compte, comme à Laqiyat, de l'étonnante vie animale que préservent ses ramures : de petits oiseaux minuscules et colorés, un peu comme les mange-mil du Sahel, et un couple de faucons blancs virevoltant dans le vent du désert et dans les turbulences du sommet de l'arbre, pas farouches le moins du monde.

Tout cela vit dans la meilleure intelligence sous cet arbre immense que je baptise aussitôt arbre Philippe, puisqu'il ne figure sur aucune carte. D'arbre, ce sera le dernier.

Tous les soirs, le vent sec se lève, n'ayant aucun relief pour l'arrêter, glissant sur la surface sableuse et voilant l'horizon. Un matin, il faudra même déterrer les cordes et les sandales ensevelies sous dix centimètres de sable durant la nuit. Pourtant, c'est chaque fois un tableau qui s'efface et de nouveaux signes qui apparaissent pour qui sait les lire. De multiples empreintes témoignent de la vie nocturne qui se déroule, silencieuse, parfois à quelques pas, avec ses drames et ses étonnements.

Le quatrième jour après El-Atrun, j'étais comme tous les matins occupé à déchiffrer ce livre ouvert aux pages couvertes de caractères que sont les pans de sable couverts d'empreintes. Tiens, un fennec est passé par là, déambulant de touffe en touffe. C'est étonnant, ses petites traces de chat suivent exactement mon cap. Puis j'aperçois sur la droite les traces d'une petite souris des sables. Elles déambulent également de place en place, grattant par endroits la surface sableuse à la recherche d'un insecte. Puis les deux chapelets d'empreintes se font plus rectilignes. C'est la course. Et finalement, il ne reste plus que la trace du fennec. Ayant suivi tout l'épisode avec intérêt, j'éclate de rire à la pensée de cet épilogue inattendu. J'en ai encore le sourire aux lèvres, quelques pas plus loin, lorsque je tombe devant des traces d'un autre type : Toyota, 230 × 18, profil militaire, deux, fraîches, très fraîches... Il est 7 h 30 du matin. Je marche depuis une heure et le vent a cessé au moment où j'ai entamé ma marche. Or je fais du quatre kilomètres à l'heure et la vue porte ici à quatre kilomètres. Le calcul est simple : je ne comprends pas comment j'ai pu croiser cette patrouille sans qu'on se remarque. Une autre idée s'impose encore : moi également, je laisse des traces. Et il suffit qu'un véhicule les croise « après » mon passage et se donne la peine de suivre les pas d'un homme et de deux chameaux qui n'ont apparemment rien à faire ici...

A deux reprises déjà avant El-Atrun, j'avais croisé des pistes de convoi. J'avais chaque fois monté les bêtes en croisant les ornières, pour faire croire éventuellement à deux chameaux égarés. Mais ici, n'importe qui peut surgir de ces dunes molles, lors d'un acheminement de matériel de la Libye vers les camps rebelles. La veille également, j'avais remarqué un objet insolite qui brillait au soleil sur le haut d'une colline sableuse. Cela ressemblait à l'arrière d'un véhicule, suffisamment carré en tout cas pour ne pas être naturel. Après de longs moments d'hésitation, je me suis enfin approché pour découvrir, trompé par l'échelle discordante, un pneu neuf éclaté. Plus des restes laissés – du papier toilette, inconnu des Arabes – qui me font croire que des conseillers militaires russes accompagnaient les Libyens. Moi, au moins, je sais pourquoi je ne laisse jamais aucun indice. Il est évident que la guerre du Tchad va reprendre. Tout le montre. Pour qu'un désert si hostile soit aussi quadrillé...

 Le vent de sable, lorsqu'il souffle, offre une certaine protection. Ce n'est plus un élément hostile, c'est à présent un allié objectif. Pas une tempête, seulement un vent régulier du nord-est qui soulève les grains de sable les plus fins à une faible hauteur en voilant l'horizon. Je suis très heureux de l'avoir dans le dos et non de face constamment, et je me félicite d'avoir entamé ma traversée à l'est vers l'ouest. Déjà enfant, je détestais pédaler contre le vent et j'adorais au contraire me laisser porter.

 Le seul problème, finalement, c'est le mal de mer. Vous avez dit mal de mer ? En effet, lorsqu'un voile de sable noie les reliefs et que même les pattes des chameaux disparaissent, sans aucun repère possible, on subit entièrement le lent roulis de la marche particulière du chameau. Un peu comme une voiture sans amortisseurs la nuit dans le brouillard. A deux ou trois reprises, je subirai ce malaise bizarre, la faim et la fatigue aidant. Un seul remède : marcher.

 La provision de fourrage est depuis longtemps épuisée. Depuis El-Atrun. Heureusement, et à peu près comme prévu, je trouve de place en place un maigre pâturage à chameau. Souvent, cela ne coïncide pas avec le soir, quand les bêtes au repos pourraient tranquillement se nourrir. Aussi, je circule de touffe en touffe, la longe à la main, le temps pour eux de se remplir la bouche. Et toujours des traces d'antilopes addax, trop prudentes pour se laisser surprendre. On sent que ces parages pourraient très vite reverdir avec un peu d'eau de pluie. Il reste parfois des têtes de cram-cram, ces petites boules piquantes propres aux pâturages sahéliens.

 J'arrive à proximité du Tchad. Le sable va bientôt cesser pour faire place aux grès de l'Ennedi. La carte indique de nombreux puits et « gueltas ». C'est une autre sorte de désert

Le nomade blanc
et sa monture.

Une colonne libyenne anéantie en bordure du Tibesti et
le puits de Kichi-Kichi : empoisonné ? Miné à coup sûr.

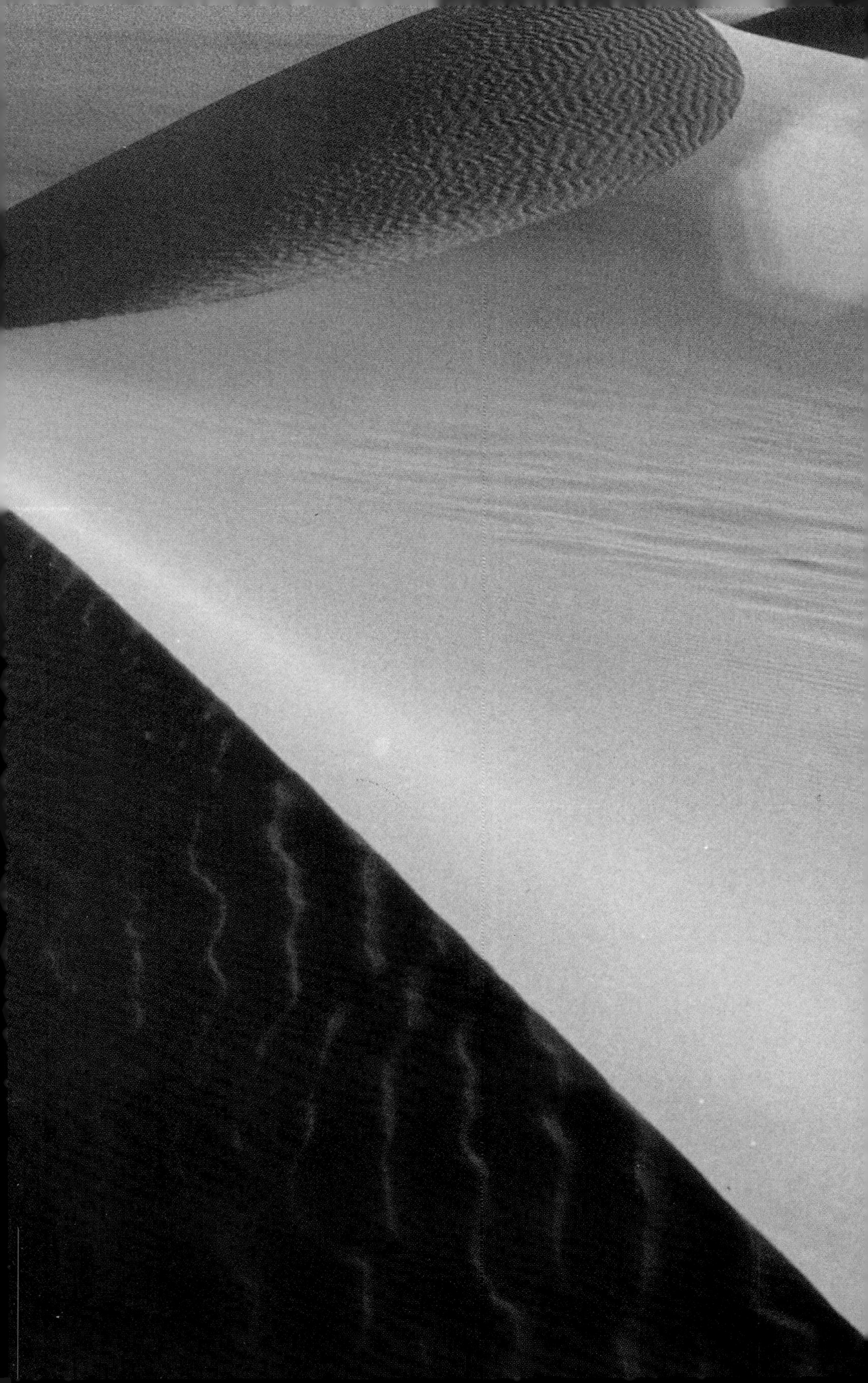

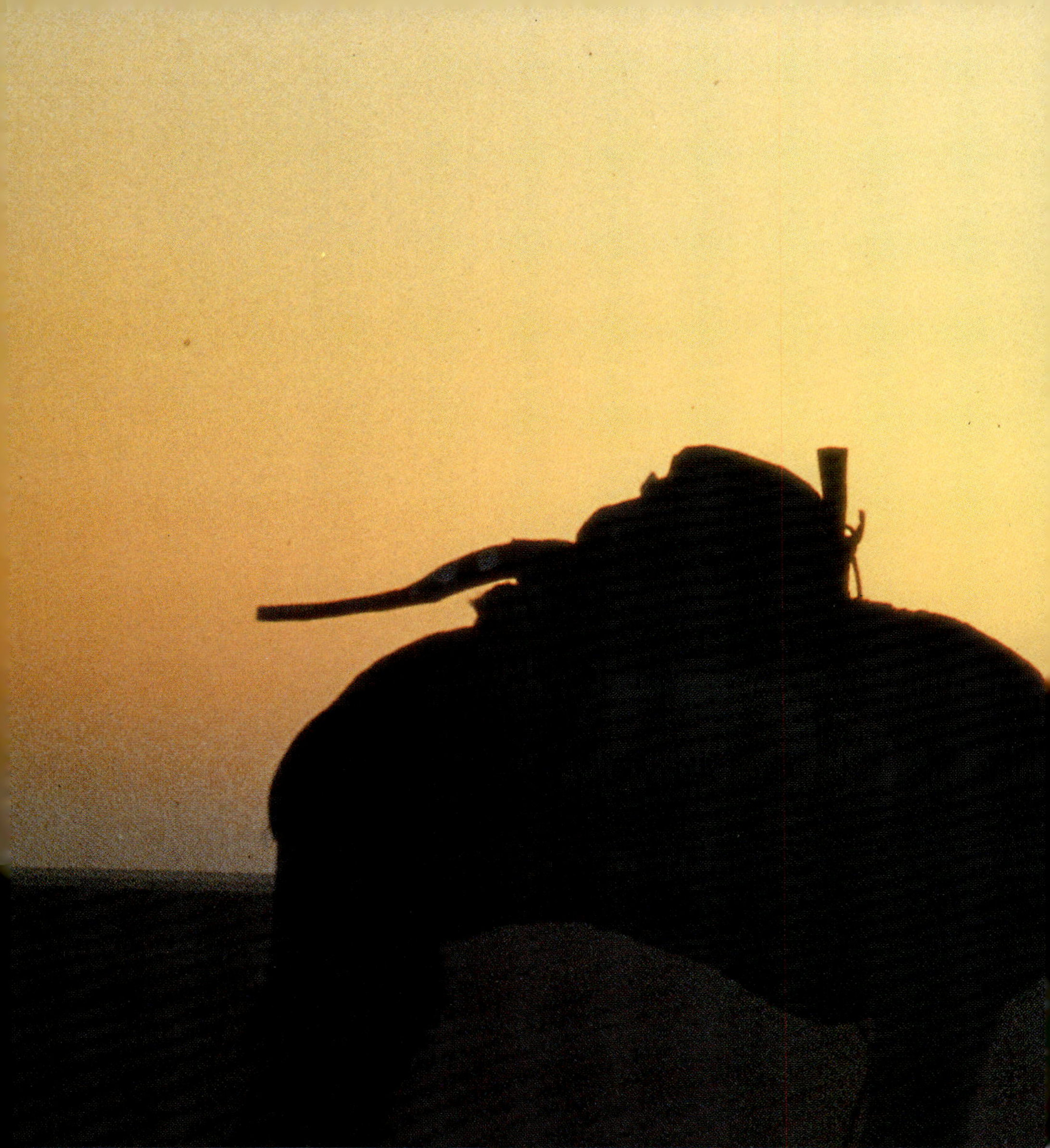

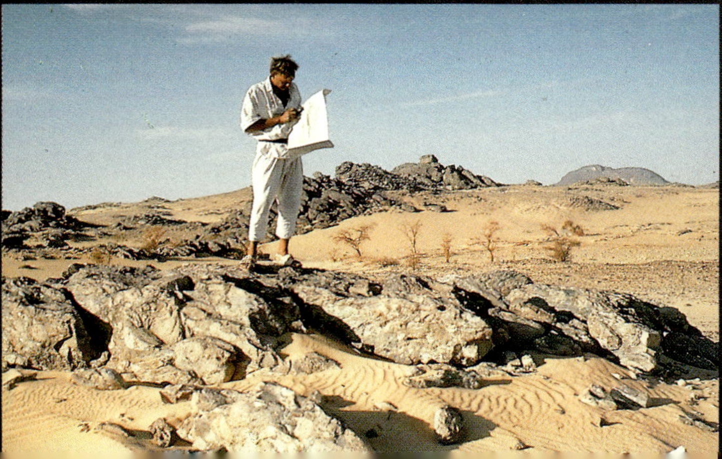

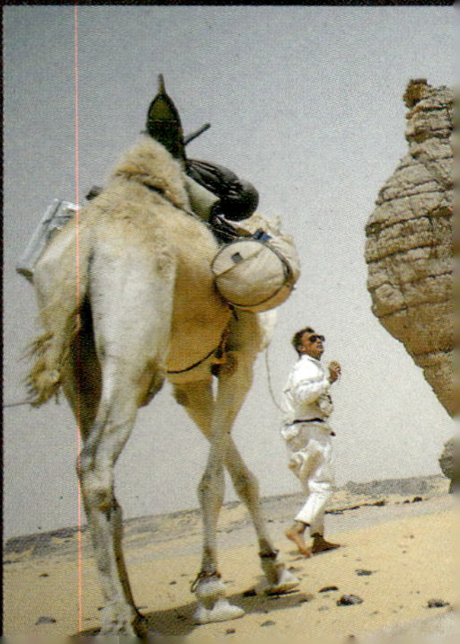

Orientation :
avec carte et boussole...

Entre des blocs de roche...
La nuit sur les étoiles.

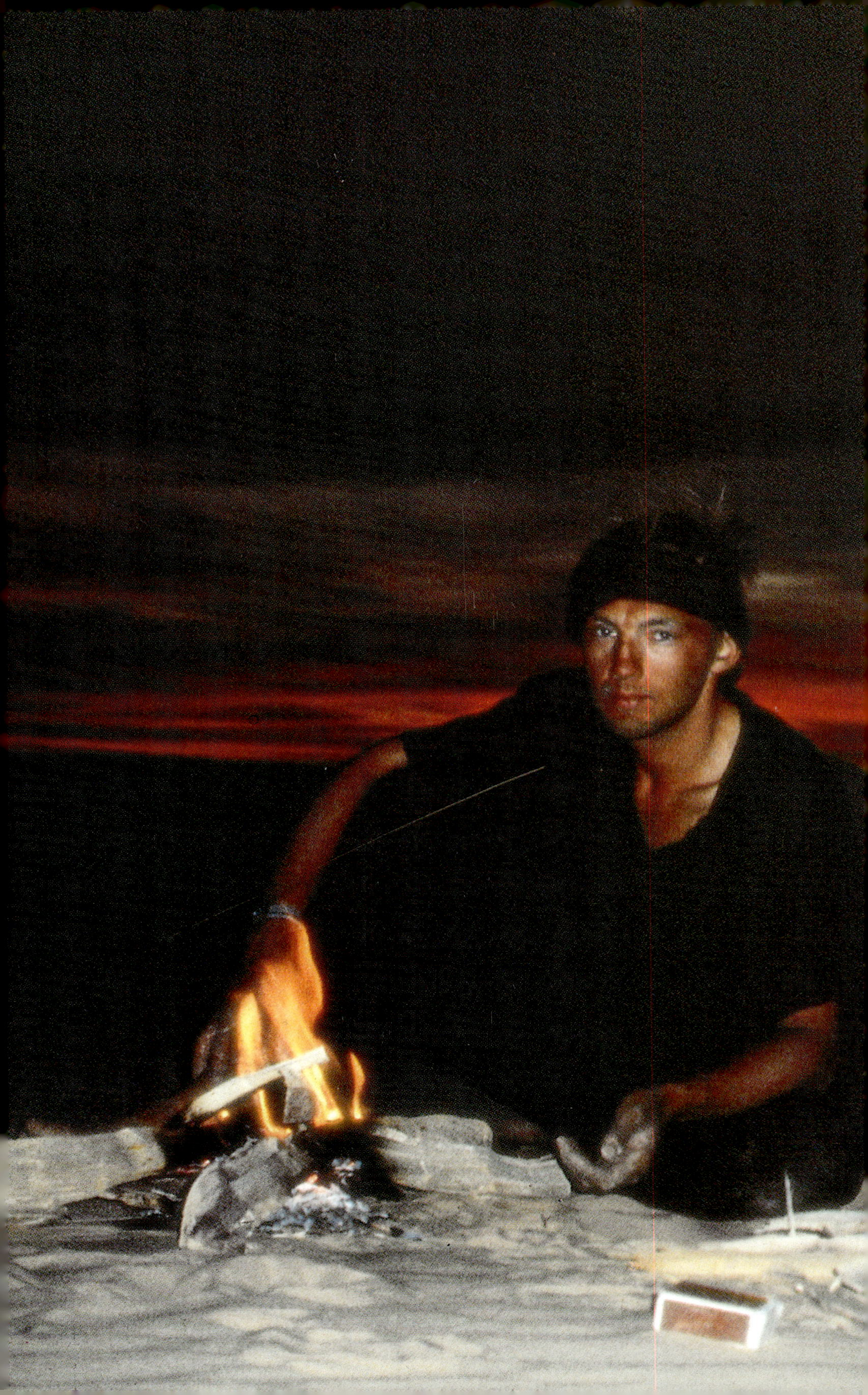

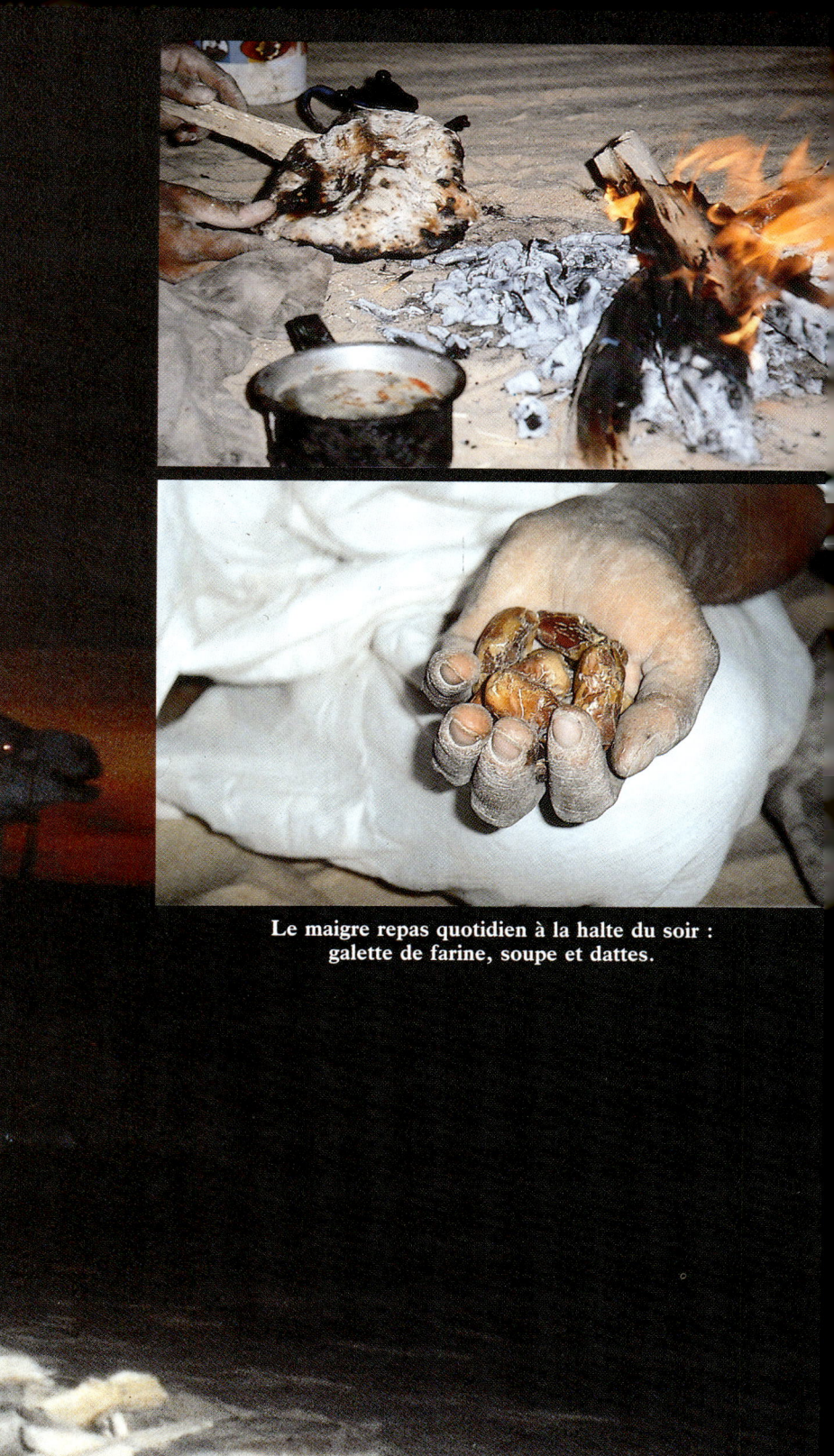

Le maigre repas quotidien à la halte du soir :
galette de farine, soupe et dattes.

En haut : arrivée à l'oasis de Fachi. *En bas :* la guelta de Timia.

qui commence. J'aperçois enfin, tout au loin, un relief qui émerge des dunes molles. Et le lendemain, symboliquement, je franchis la frontière. Une ultime surprise soudanaise : sur le flanc des dernières dunes, des dizaines de meules préhistoriques. En moyenne, deux à trois par dune, mélangées à des restes de poteries. L'ancien peuplement devait être très important, pratiquement une ville étendue.

Un ami anthropologue m'avait parlé d'une ville mythique dont on trouve certaines traces dans d'antiques écrits arabes issus de traditions orales ancestrales. Un carrefour caravanier entre l'ancienne Égypte pharaonique du Nil, le golfe de Syrte en Libye et le monde noir. Une ville avec ses riches marchands, ses caravanes de chameaux innombrables qui viennent ou qui partent, rythmant les activités de la bourgade. Des soieries, des plumes d'autruche, de l'ivoire, de l'or, des perles mais aussi des zébus razziés, des esclaves. Certainement maintes fois ravagée par des hordes de pillards, elle a dû disparaître sous les coups de boutoir plus destructeurs d'une dernière invasion. A présent, les sables de l'Ash Shimaliya remplacent la savane. Les marchands ont migré plus au sud. D'autres villes sont nées : Abéché, Nyala, Fasher.

Mais les dunes ont ceci de particulier que souvent elles protègent plus qu'elles ne recouvrent certains obstacles : meule dormante ou muret de pierre. Une meule peut demeurer des milliers d'années à jour en plein erg, les dunes circulant de part et d'autre, la pierre polie utilisée pour moudre le grain simplement posée sur le sable. Peut-être suis-je sur le site de cet antique centre. Peut-être qu'ici même avaient lieu les trocs, les marchandages d'esclaves... ou que les bâts volumineux étaient chargés de part et d'autre des milliers de chameaux des caravanes.

Je laisse cette région à son mystère. Toutes ces meules, ces poteries. Car après tout, s'il n'y avait eu de peuplement important, les gens auraient récupéré les meules existantes pour leur usage personnel. Or, s'il y en a des centaines disséminées, c'est la preuve qu'il y avait « en même temps » des milliers de gens. La réponse n'est pas près d'être donnée de toute manière.

Exactement sur le fil de la frontière Soudan-Tchad, en proie à des rébellions diverses depuis vingt-cinq ans, et auparavant encore marquée par l'affrontement des deux puissances occupantes : la France et l'Angleterre.

Il y faudrait des relevés précis, des fouilles systématiques, des analyses... Mais, personnellement, je préfère voir ces objets néolithiques dans leur milieu naturel plutôt que dans un musée poussiéreux ou, pis encore, dans une réserve en attente d'étiquetage et de classification, à la merci de quelque savant jaloux. Je n'ai jamais eu l'amorce de l'intention de prélever la moindre simple pointe de flèche. C'est le patrimoine du désert. Et, vu le contexte géopolitique en plus des problèmes d'accès, je doute qu'on reviole ces parages dans les prochaines décennies.

Plus terre à terre, j'ai absolument besoin d'eau. J'ai le choix entre les puits du Mourdi, une dépression au nord de l'Ennedi, et les petits oglats des vallées resserrées du massif lui-même. J'opte pour la seconde solution. J'ai envie de relief et, éternelle préoccupation, on peut mieux s'y cacher. Une zone à éviter toutefois : la région sud du massif avec le pays Zaghawa, les garnisons régulières et les nomades rebelles Bideyat (cousins des Zaghawa).

Le soir même, je dors sous ma première « ara » (montagne). A droite, le massif d'Halema. C'est la pointe nord-est du massif, qui déborde même un peu au Soudan. Le premier puits se trouve à Halema, mais à voir la végétation environnante, séchée, brûlée, les arbres morts, je suis sûr qu'il est à sec. Inutile de perdre un temps précieux, mes réserves d'eau diminuent.

Le jour suivant, je longe la falaise d'Halema de très loin pour arriver sur un des grands oueds qui sortent de l'Ennedi, l'oued Kaedi. La veille, j'avais déballé mes cartes françaises, beaucoup plus précises que les précédentes. J'y suis encore peu accoutumé et, avec l'habitude d'une échelle plus imprécise, je pénètre beaucoup trop en avant dans l'oued Kaedi. Je ne regrette rien ; promenade magnifique entre les gorges resserrées. Je suis frappé par la luxuriance de la végétation après le désert de Libye. Parfois, au débouché des oueds, on se croirait dans les plaines des hauts plateaux du Kenya. Un foisonnement d'espèces végétales, allant jusqu'à certaines sortes de lianes terrestres. Plusieurs gazelles « dama » et un addax, tache blanche qui s'enfuit vers le fond de l'oued.

En rebroussant chemin, je découvre l'emplacement d'un campement toubou abandonné. Quelques pieux plantés dans le sol, restes de l'armature des tentes en nattes, des bols à fond rouillé, percés... J'ai l'impression que la quête de l'eau ne sera pas facile.

Je trouve, après des recherches interminables, l'emplacement de la guelta de Gourgouro que la carte m'indique comme étant permanente. A sec. Stimulé par la vue des concrétions calcaires sur le fond de la petite cuvette au flanc des rochers, je repars dans un lacis de sentiers de bêtes sauvages que les chameaux ont du mal à suivre. A plusieurs reprises, je les entrave en cours de montée, pour les retrouver à la descente, après m'être assuré de l'inexistence d'affleurement d'eau. A suivre ces sentiers de mouflons, je découvre encore deux petits trous d'eau. A sec également. Eux ne figuraient pas sur la carte, mais l'œil aiguisé par le moindre indice, chapelet de crottes d'animal sauvage ou vieille corde abandonnée, je teste toutes les possibilités. Dans cette zone, il n'y a plus d'eau.

Voyons voir à Dorogbé, autre guelta permanente d'après la carte. Pour mon deuxième jour dans l'Ennedi, je passe un petit col très ensablé : une dune prenant appui sur la falaise qu'il faut escalader. Les chameaux renâclent et j'arrache la corde qui tire sur l'anneau de nez du chameau blanc, le *looser*. Ou, plutôt, c'est cet imbécile qui se laisse tomber à genoux au mauvais moment, s'arrachant la narine et son anneau dans le même mouvement. Programme pour le reste de la journée : irritation et injures. Mais c'est simplement parce que je suis anxieux : le *looser* n'avance plus, se faisant remorquer en claquant des pieds, la tête en arrière. Le soir, à l'étape, je suis obligé de lui percer l'autre narine avec une aiguille immense de vingt centimètres munie d'un chas qui permet à une cordelette double de passer. Évidemment, cela ne va pas tout seul et c'est après un corps à corps endiablé que je parviens enfin à lui fixer un second anneau artificiel au naseau. Si je ne le faisais pas, il était mort. S'il n'avance plus, il ne boit pas, et s'il ne boit pas – bientôt –, il meurt.

Les étapes se succèdent. Guelta de Dorogbé : à sec. Enéké : à sec. Tegroba : à sec. Chaque fois que je me retrouve au fond de la guelta asséchée, filtrant le sable fin entre mes doigts, j'ai l'impression de recevoir un coup de fouet sur la nuque. Une satisfaction pourtant, je trouve toujours l'emplacement exact, uniquement par carte et observation. Piètre satisfaction.

Autre sujet d'inquiétude, les mines. Je sais que les points d'eau sont minés. Je sais également que la bordure sud de l'Ennedi est minée. Ce peuvent être d'anciennes mines de la guerre tchado-libyenne de 1987, posées par les Libyens et ignorées des Tchadiens, ou posées par les Tchadiens et ignorées des Libyens. Ou ce peuvent être des mines de la guerre qui se prépare actuellement, que les gouvernementaux ont posées pour éviter un contournement des rebelles par le nord. Au choix ! C'est pourquoi j'essaie toujours de regarder où je mets les pieds, surtout lorsque le sol est sableux. J'ai l'avantage, circulant hors piste constamment et uniquement au cap, de bénéficier d'une probabilité réduite. Le désert est grand. Et Allah aussi. Je pars également du principe que, s'il n'y a pas de trace de véhicule, il n'y a pas eu de véhicule pour venir placer les mines. Celles-ci ne sont pas acheminées à dos d'homme et, dans cette région, j'ai remarqué que les traces ne sont pas recouvertes et restent visibles.

De toutes les façons, la recherche de l'eau justifie tout. C'est ce que je me dis en descendant au matin très tôt une belle gorge ensoleillée qui se dirige vers le Wadi Sini, oued où j'espère enfin trouver un oglat en eau. Heureusement que je n'avais pas compté trop juste. Mais, à présent, je n'ai plus droit à l'erreur.

Au bas du ravin, à l'endroit où des rochers énormes surmontés de cheminées des fées obstruent à moitié le passage, j'aperçois des chèvres. S'il y a des chèvres, il y a un campement à proximité. Au moins un campement de femmes. Je n'ai pas de raison apparemment pour fuir. Au sortir du défilé, là où le relief s'aplanit pour former une vaste plaine d'altitude, parsemée de touffes de « guesch », j'aperçois le campement sous quelques arbres. A proximité de ce qui s'avère être un simple bivouac de couvertures et de sacs jetés au sol, un homme, un Toubou d'une quarantaine d'années, sec et nerveux, la peau sombre et les dents de travers, deux adolescents mûrs d'une vingtaine d'années et un gamin. Ses trois fils. L'un des gamins vient d'abattre deux mouflons, suspendus par les pattes arrière aux branches d'un arbre. Les têtes sanguinolentes sont à quelques pas, se faisant face, près du feu. Tous sont occupés à dépecer les bêtes, manches retroussées, un couteau à la main, du sang jusqu'aux coudes, dévorant parfois au passage un peu de viande crue.

A mon approche, ils se montrent hésitants, voire inquiets. Ils ne comprennent visiblement pas ce que je fais là. Et la région n'est pas très sûre. Finalement, ils baraquent mes chameaux d'office et m'aident à décharger. Le foie d'une bête, mis à cuire sur les braises, est à point. Pas le temps d'attendre, les nouvelles se donneront en mangeant. Puis, dès que le foie, coupé en morceaux sans sel, est avalé, ils commencent à fouiller mes bagages. Intéressante coutume locale pour un ethnologue. Ils font main basse sur le thé, le peu de farine qu'il reste, les dernières dattes. Les bouillons, ils les laissent, ils ne connaissent pas. Entre-temps, un autre essaie de faire disparaître ma montre, glissée dans la poche d'un sac. Je fais mine de m'en aller. Les chameaux ont eu le temps de faire quelques pas. Le temps de les chercher, de les baraquer, de charger, un œil derrière la tête... J'ai compris aussi qu'il n'y avait pas d'eau ici. J'indique donc ma direction en esquissant un mouvement. L'autre fait non de la tête, calme et froid, ne comprenant que ce qu'il veut bien comprendre. C'est-à-dire rien. Il m'indique une autre direction et saisit d'autorité la bride du chameau. Aussitôt, l'adolescent, armé d'un fusil de guerre, se place trois pas en arrière. Le cran de sûreté est depuis longtemps ôté. Je suis presque sûr que mon sort est scellé et qu'ils ne veulent simplement pas faire de saletés au campement. Or, c'est juste pour arriver une heure plus loin à un autre petit campement : un autre Toubou quinquagénaire, toujours avec les dents de travers mais encadrées d'une barbichette, également de la tribu des Mourdia, avec sa femme et son fils d'à peu près trente ans, beaucoup plus noirs que le père. Eux sont à court d'eau et m'en prennent cinq litres. Il me reste encore trois litres. Totalement inutile de jouer les héros. Face à une arme de guerre, ma pétoire ne fait pas le poids. Surtout vu mes talents de tireur. Eux par contre sont d'une habileté diabolique. Ils le prouvent encore en ramenant deux gazelles fraîchement tuées. J'avais auparavant entendu deux détonations résonner dans les gorges.

Le lendemain, on part pour Bao, les deux hommes et moi. Le puits le plus proche à l'écart de ma route. Évidemment, je n'ai plus que trois litres d'eau. Plus le choix. Le soir, au bivouac, ils me piquent ces trois derniers litres pour faire leurs ablutions avant la prière et préparer leur boule de mil. Je suis écœuré. Je déteste voyager sans une goutte d'eau et c'est bien ce qui m'attend jusqu'à Bao. Deux jours sans eau ni nourriture. Ce qui me dérange pourtant le plus, c'est de voyager avec des cons. Je n'ai plus l'habitude.

Enfin, nous arrivons aux alentours de Bao. Quelques cahutes en nattes tressées, isolées dans un oued très large et très sableux. Quelques arbres. Comme c'est l'heure du repas, les deux Toubous s'arrêtent devant une hutte de leur connaissance. Des femmes uniquement. Parfois belles, fines, la peau brune et les cheveux tissés en petites nattes, une narine percée par un mince anneau d'argent. Mais une bizarre façon de s'accroupir, pas très élégante. On me convie à la traditionnelle boule de mil dévorée à même la main. Aussitôt après, l'une ou l'autre femme s'intéresse à mes bagages, saisissant qui une ficelle, qui une outre à eau. Une outre à eau d'un demi-hectolitre en matière synthétique spéciale, de presque un millier de francs contre deux poignées de mil... Calmement, je leur prends tout des mains pour le remettre en place.

Avant tout, formalités, puisqu'il paraît qu'il y a un petit

poste de police à Bao. Je me dirige donc à travers l'oued jusqu'à la sommaire construction en banco. Ce sont des Tchadiens sudistes noirs, Sara ou Hadjaraï, parlant parfaitement français. C'est d'ailleurs la première fois depuis trois mois que je reparle ma langue maternelle. Ils m'offrent de l'eau à profusion : première douche depuis Sélima.

Le temps d'échanger quelques mots seulement et deux Toyota déboulent de la montagne, surchargées de Goranes en armes, armement hétéroclite allant du lance-roquettes au M16. L'instant d'après, me voilà entouré d'une vingtaine de Goranes, surpris par ce Blanc qui voyage à dos de chameau alors qu'eux ont depuis longtemps troqué la vie nomade contre la vie de garnison, le chameau contre la Toyota, pour le plaisir unique de se battre.

4.

Dernier otage du Tchad

Leur chef avance, écartant les plus indiscrets. Il est massif, des baskets aux pieds, le visage brun et carré, une tunique ocre serrée aux hanches par une large ceinture en cuir bardée de cartouches. On devine immédiatement qu'il est leur chef désigné grâce à son physique et à son goût du combat.

« D'où viens-tu ?
— Je viens d'Égypte.
— Mais personne n'est jamais venu d'Égypte en chameau.
— Moi si. »

Une incrédulité manifeste se fait jour sur son visage, et ma peau noircie par le soleil, ridée, mes vêtements sales et élimés qui ne m'ont pas quitté depuis des semaines ne suffisent pas à le convaincre.

« On verra ça plus tard. »

Avant tout, les chameaux. J'abrège cette conversation stérile avec un interlocuteur borné pour m'occuper de mes bêtes. Par gestes précis montrant maintenant une grande habitude, je mets bas mes bagages, les amoncelle en tas, recouverts d'une couverture à la façon touboue – que les autres ne croient pas avoir à faire à une corde ou à un bagage isolé, abandonné, et ne s'en saisissent.

Puis, sans me soucier davantage des militaires médusés, je me dirige vers le puits. Les chameaux n'ont pas bu depuis treize jours, depuis El-Atrun. C'est énorme pour cette période.

Nous sommes le 23 octobre et je voyage depuis bientôt deux mois avec les mêmes bêtes. Si elles n'avaient pas été excellentes, elles se seraient déjà effondrées. Je prends le petit fût qui m'accompagne toujours et ma corde. Le puits est profond. Plus de trente mètres. Il faut, de plus, attacher une petite pierre à une ficelle sur le côté du seau pour que celui-ci coule plus facilement à la surface de l'eau et se remplisse entièrement.

Mes bêtes engloutissent puisée après puisée bien plus de cent litres. La corde m'arrache la peau des mains et le travail est épuisant. Mais je suis heureux de pouvoir enfin rassasier pleinement mes deux compagnons.

La corvée finie, je rejoins mes bagages et les Goranes qui n'ont pas bougé d'un pouce. Mais les chameaux, en voyant les selles et les charges, et croyant qu'on les reconduit vers un autre calvaire, ruent aussitôt, tentent de s'enfuir et martèlent le sol de leurs pattes. Retenus par leur bride et leur anneau de nez. Il me faut toute ma persuasion et un peu d'agilité pour les faire progresser de quelques pas et les baraquer, immobilisant complètement leurs jarrets repliés avec une corde.

Mes chameaux me suivront plus tard. Moi, on m'emmène à la garnison militaire en véhicule. C'est étrange de prendre place à l'avant de la jeep et je me sens dans la peau d'un Kebabish n'ayant jamais vu de véhicule automobile. Nombreux sont ceux qui ne connaissent pas une vitre et se claquent les doigts dans la portière, faute d'en connaître le fonctionnement.

Les vingt kilomètres conduisant au camp sont avalés à toute vitesse, les roues patinant parfois dans d'immenses ornières sableuses. C'est un trait de la conduite gorane : ils roulent soit à dix kilomètres à l'heure, soit à fond. Rien d'autre. Le temps pourtant de couvrir la distance, la nuit est tombée, profonde. Et c'est le spectacle d'un camp militaire très étendu qui s'offre à moi dans le lit de l'oued. Des centaines de militaires en tenues très hétéroclites sont réunis par petits groupes autour des feux. D'autres allongés sous des couvertures. Quelques Toyota parcourent le camp à toute vitesse, pleins phares, chargées d'hommes et de matériel.

DERNIER OTAGE DU TCHAD

Mon chauffeur s'arrête devant une tente, à l'endroit le plus sableux de l'oued. C'est la tente du commandant en chef des forces armées tchadiennes... Kinni. Il est là, en tournée d'inspection exceptionnelle sur le front est. La guerre face aux rebelles va reprendre, c'est maintenant certain. On me demande mes papiers. Passeport et visa du Tchad sont en règle. Des autorisations diverses y sont jointes. Mais l'entrevue est remise à plus tard et on me conduit à l'autre bout du camp pour y passer la nuit. Ici, c'est la compagnie du capitaine Abdallah, un petit Toubou Mourdia avec... les dents de travers. Il marche en claudiquant parce qu'il a reçu une balle de mitrailleuse libyenne dans la jambe. De toute manière, il ne marche jamais, assis constamment au volant de sa Toyota flanquée d'un lance-roquettes RPG7. Un œil au compteur kilométrique au cours des salutations : 4 000 kilomètres. Autant dire neuve. Merci la France. Sans plus de cérémonie, je déroule mon sac de couchage contre un mur de briques en banco... Sans me douter alors que ce sera pour plus d'une nuit.

Le lendemain, Kinni est parti à bord de son avion personnel. J'avais entendu à l'aube le grondement inaccoutumé d'un réacteur. Mais il a laissé le numéro deux de l'armée, le commandant Masoud. Entrevue. C'est un Arabe tchadien du Dar Salamat : la peau brune, taille immense à côté des Goranes, le visage barré par une cicatrice. Il ne parle pas français. Il est là de par son aura de guerrier invincible, et il en a l'air. Je suis frappé par sa façon – très distinguée – de fumer des cigarettes blondes américaines, avant de les écraser dans le sable à moitié consumées. Eh bien, il va en référer à ses supérieurs à N'Djamena, par radio. Et on m'informera des suites : autorisation de poursuivre à chameau ou retour forcé en avion sur la capitale tchadienne. Comme Kinni est parti pour Iriba, une autre garnison plus au sud, je pense qu'il sous-entend la présidence quand il parle de ses supérieurs à N'Djamena.

Dire que, si je n'avais pas rencontré ces cons qui m'ont volé mon eau, je serais peut-être déjà à Fada, loin de toute cette zone. Là-bas, le problème aurait été le même. Mais cela était prévu. Depuis un an, les Tchadiens étaient informés de mon passage. J'avais d'abord écrit au ministère de l'Intérieur à N'Djamena. Refus, mais c'était évident car le secrétaire général qui avait signé la lettre était un sudiste. Or, l'alchimie locale veut qu'un sudiste ne serve à rien et que toutes les décisions soient prises par des Toubous. Aussi, redemande, adressée cette fois-ci directement à la présidence, par l'intermédiaire d'un ami. Pas de réponses depuis de longs mois à guetter le facteur, malgré plusieurs relances téléphoniques et écrites. Que faire, sinon partir et voir sur place. De toute manière, si je devais attendre que les choses se calment politiquement, je serais depuis longtemps un vieillard barbu perclus de rhumatismes. La frontière Hissène-soudanaise est troublée depuis 1973. J'avais déjà pu la franchir trois ans plus tôt, donc c'est possible. Et qu'on ne me dise pas qu'on ne m'attendait pas.

Naïvement, j'avais toujours pensé qu'un président d'origine nomade – Hissène Habré est annakaza – pourrait être sensible à une traversée intégrale du Sahara, ce que personne jusqu'à présent n'avait osé faire. Lui-même possède de nombreux troupeaux de chameaux au Borkou et certains membres de sa famille vivent encore sous la tente de « doum » et suivent la « noukhal », la transhumance. Grave erreur : on peut posséder des troupeaux pour les signes de richesse et de respectabilité qu'ils représentent... et on peut également se vautrer dans des fauteuils de cuir blanc au milieu d'un palais de stuc et de marbre. Mais les chiffres sont simples : tous les Toubous et assimilés forment 40 000 personnes sur un total de 2,5 millions de Tchadiens. Et les Annakaza, le clan d'Hissène Habré, seulement 6 500 personnes. Si celui-ci veut durer, il faut bien qu'il tolère les exactions dont se rendent coupables les gens de son clan à N'Djamena.

On en est là. Je reprends ma place sobrement à l'ombre de mon mur. Les petits combattants viennent me rendre visite, à tour de rôle ou en groupes, malgré l'interdiction qui leur a été faite de me parler. La plupart sont des gamins, sans autre ressource que leur maigre solde, des sudistes pour la majorité d'entre eux. Certains sont enrôlés de force. C'est ainsi que je fais la connaissance de Délinquant – du moins je l'appellerai ainsi –, un gosse de quatorze ans condamné par le tribunal des enfants d'Abéché pour le « casse du siècle ». En effet, il a volé une cartouche de Marlboro sur un étal du marché. Vol aggravé d'un autre délit : une tentative de viol sur une mamma de trois têtes plus grande que lui, qui l'a copieusement rossé avant de l'emmener par la chemise au poste. Verdict : Bao à vie, et cela risque d'être court.

Puis je rencontre un Nigérian, incorporé de force parce qu'il avait perdu ses papiers en visite au Tchad. Enrôlé. Mais, en réaction, il ne parle toujours qu'anglais. Et Félicien, et Abdoulaye, et bien d'autres... Des gamins. Sans aucun espoir de quitter ce bagne. Les Goranes peuvent bénéficier de permissions, ils aiment se battre, ils reviendront. C'est d'ailleurs étonnant de trouver des Zaghawa ou des Bideyat dans les rangs des gouvernementaux, alors que ce sont eux qui composent le gros des troupes rebelles. C'est le hasard qui détermine le camp, simplement.

Mes chameaux me donnent beaucoup d'inquiétude. Ils sont arrivés ce matin, acheminés par un Toubou, mais il n'y a presque aucun pâturage ici, si ce n'est quelques gousses d'acacia. Tous les Goranes n'attendent qu'une chose : être fixés sur mon sort, afin de se disputer mes montures. C'est une race de chameaux soudanais inconnue ici. De plus, tout le monde voit très bien que, malgré leur fatigue, ce sont des bêtes magnifiques, blanches, efflanquées mais musclées. Au fil des heures, je n'ai qu'une préoccupation : les nourrir. Et les jours vont se suivre sans qu'aucune décision ne soit prise à mon encontre. Quotidiennement, midi et soir, je suis convié au maigre repas des petits combattants : boule de mil mélangée à du riz, avec un peu de sauce. Le repas est pris sur une grande natte de « charganié », devant l'entrée de la cabane du chef, le capitaine Abdallah. Vingt personnes accroupies autour de deux grands plats circulaires. Parfois, je suis invité chez le chef du poste de Bao, un vieux Gorane analphabète qui ne sait lire qu'une chose : les étiquettes des boîtes de médicaments qu'il accumule sous sa couche et pour lesquelles il doit sûrement se faire rétribuer par ses subalternes. Sa maison se situe juste en face de mon mur, de l'autre côté de la place du fort qui abrite les couleurs du drapeau tchadien. Je le sens constamment m'épier, du fond de sa masure, s'interrogeant sur ce « Nasrani infidèle », veillant à ce qu'on ne m'adresse pas la parole. Je refuse dorénavant ses invitations, ce qui le vexe horriblement. Mes chameaux jeûnent également, et je suis tout aussi bien avec les combattants.

Un matin, une petite caravane de Bideyat arrive au puits central. Comme je suis intéressé par les chameaux, je m'approche pour les observer. Il y a ma foi une belle bête, de race plus grande que les chameaux de rocher qu'on trouve habituellement dans l'Ennedi. La discussion s'engage et, une heure plus tard, nous nous entendons sur un prix. De cette façon, avec un chameau frais, je suis prêt à partir si la situation se débloque.

La situation ne se débloque pas. Au contraire. Un autre capitaine, petit, malingre, avec une voix trop haut perchée, stoppe sa Toyota à quelques mètres de « mon » mur et m'apostrophe, restant au volant. Pourquoi ai-je acheté un chameau sans autorisation ? Et d'abord je suis son prisonnier. M'étant approché à la portière pour voir de quoi il s'agissait, je retourne m'asseoir ostensiblement en lui disant d'aller se faire foutre. L'autre rentre dans une rage folle, martelant son volant et gesticulant, vociférant de sa voix haut perchée. Le temps de terminer ma manucure de la main gauche calmement, et il embraye furieusement dans un nuage de poussière, non sans avoir ajouté que je passerai des années ici et qu'il y veillera.

Je sais que tout est possible dans ce pays où Françoise Claustre a passé près de trois ans, retenue en otage par Hissène Habré. C'est pourquoi je demande à être conduit chez Masoud, le numéro deux de l'armée tchadienne. Après les civilités d'usage, et après lui avoir expliqué que mes chameaux sont en train de crever de faim, je lui demande s'il a eu des nouvelles, depuis bientôt dix jours que je suis ici. Il m'avoue qu'il n'a pas encore adressé de message à l'état-major, mais que cela ne saurait tarder. A la stupéfaction qui se lit sur mon visage, et profitant du léger temps de retard pour que l'information pénètre mon cerveau, il évoque une tournée d'inspection et se glisse au volant de sa jeep de commandement... pour s'enliser dix mètres plus loin dans le sable mou de l'oued. De bonnes âmes viennent l'aider en poussant son véhicule. Il repart, pour se replanter quelques mètres plus loin. Il ne sait manifestement pas où est le levier du crabot. Son état-major, des Arabes de son clan assis à côté de moi sur une couverture, rit sous cape, n'osant visiblement pas trop en rajouter, de peur de se retrouver au déminage. Masoud, furieux, s'extirpe de sa jeep pour disparaître sous sa tente, rabattant sur lui le pan de l'entrée. Inutile de poursuivre la discussion pour aujourd'hui. Ce ne serait pas judicieux. Mais j'ai décidé une chose : je ne m'alimenterai plus, jusqu'à ce qu'on décide de mon sort. Et puis cette boule de mil est trop mauvaise.

Premier jour, deuxième jour, troisième jour. Rythmés uniquement par la cérémonie biquotidienne du lever du drapeau devant mon mur. Au garde-à-vous, j'assiste à la minable caricature de parade des gamins dépenaillés (l'un en rangers et boubou, l'autre avec un couvre-chef de trappeur), marchant au pas sans grand succès. Masoud vient finalement me rendre visite contre mon mur. Il prend place sur mon sac de couchage, non sans en avoir éprouvé le moelleux. « Ah, moquette, moquette! » un des rares mots français de son vocabulaire. Évidemment, une grève de la faim, par ici, on ne connaît pas vraiment, mais il comprend en tout cas que je suis déterminé et me promet de m'acheminer sur N'Djamena par le premier avion de ravitaillement. De toute façon, rien ne se débrouillera sur place. Mes affaires, il me les gardera personnellement sous sa tente et s'interpose lorsque le capitaine Abdallah veut me confisquer mon argent.

Cela fait quatorze jours que je suis retenu à Bao. Le quinzième, on vient m'acheminer vers la piste d'envol en jeep, distante d'une trentaine de kilomètres. J'ai confié mes trois bêtes à quelqu'un, mais je ne sais pas du tout dans quel état je les

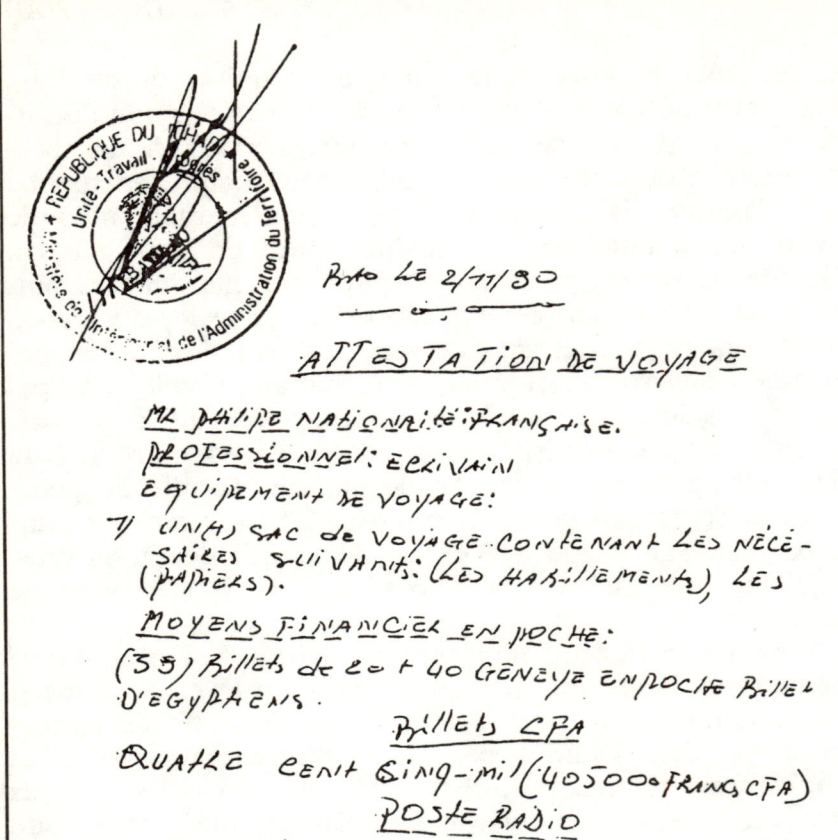

> Pato Le 2/11/90
>
> <u>ATTESTATION DE VOYAGE</u>
>
> <u>Mr PHILIPE</u> NATIONALITÉ : FRANCAISE.
> <u>PROFESSIONNEL</u> : ECRIVAIN
> ÉQUIPEMENT DE VOYAGE :
> 1) UN(1) SAC DE VOYAGE CONTENANT LES NÉCÉ-
> SAIRES SUIVANTS : (LES HABILLEMENTS), LES
> (PAPIERS).
> <u>MOYENS FINANCIER EN POCHE</u> :
> (35) Billets de 20 et 40 GÉNÈVE en poche Billet
> D'ÉGYPTIENS.   <u>Billets CFA</u>
> QUATRE CENT CINQ-mil (405 000 FRANCS CFA)
>   <u>POSTE RADIO</u>
> UNE POSTE RADIO POUR ECOUTE LES INFORMATIO
>   <u>FUSIL</u>
> UN(1) FUSIL CALIBRE ?
> LES CARTES CONTINENTALES PLUS(1) QUATRE (4)
> GUIDÉS POUR L'EAU.
>   <u>SAC EN MAIN</u>
> UN(1) SAC EN MAIN : CONTENANT UNE VESTE
>   <u>LES APPAREILS</u> :
> UN(1) PIED DE VIDÉO, UN REPERAGE DE CHATELITE
> UNE VALISE PLUS JUMELLE, UN VIDÉO COMPLET ; deux
> (BATTERIES A VIDÉO UNE PETITE ET UNE GRANDE)
> UNE APPAREILLE PHOTO, UN NAVIGATEUR DE —
> CHATELITE

LISTE DU MATÉRIEL INVENTORIÉ PAR LES TCHADIENS À BAO

retrouverai. Le matin encore, j'ai vu une équipe de déminage entrer au camp : quatre Toyota à la file qui s'arrêtaient devant la masure du chef de poste. Tout cela s'annonce mal. Si les gouvernementaux déminent un passage, c'est pour attaquer.

L'énorme Transall bimoteur prend son envol sur la piste matérialisée dans un bruit assourdissant. A mes côtés, sur l'un des strapontins en toile de la carlingue, un combattant chargé de m'escorter jusqu'au commandement en chef. Surprise à l'embarquement sur la porte arrière de la soute : l'équipage est français, tous militaires de l'opération « épervier » qui assure la logistique de l'armée tchadienne. Mais ils n'ont jamais accès aux bases militaires tchadiennes proprement dites et sont juste autorisés à débarquer armes, essence et matériel sur la piste, moteur tournant, pour redécoller aussitôt. C'est ce que m'explique un jeune lieutenant du deuxième bureau, qui a effectué spécialement le vol depuis N'Djamena pour s'entretenir avec moi. En effet, ils ont intercepté divers messages radio à mon sujet et veulent en avoir le cœur net. Que fait un Français dans cette zone et surtout pour quel service travaille-t-il ?

Les deux heures de trajet se passent au plus mal. Très affaibli par ma traversée clandestine du désert de Libye, par mes deux jours jusqu'à Bao sans eau ni nourriture, mes quinze jours de détention et pour finir mes trois jours de grève de la faim, je supporte très mal les trous d'air et le bruit des turbines. Mon calvaire prend fin quand les roues du Transall touchent enfin la piste d'atterrissage de l'aéroport de N'Djamena. Soute arrière rabattue, je sens aussitôt le souffle torride de la brousse chauffée à blanc. Surprise : devant la passerelle, une suite de voitures officielles portant des petits fanions tchadiens. C'est trop d'honneur. Non, il paraît que c'est pour Masoud. Masoud ? Non, il est resté à Bao, c'est moi que Masoud envoie réceptionner. Vous n'avez rien compris au message radio.

On est vendredi midi, veille de week-end. Trêve de tergiversations, on m'emmène voir le commandant en chef adjoint au camp des martyrs, en ville. C'est un Sara gros et gras qui me reçoit, les boutons de son uniforme paraissant éclater sous la pression. Ses narines négroïdes semblent vouloir aspirer tout l'air de la pièce. Il est vautré à son bureau. Ça, c'est un problème. Il hésite. Évidemment, il faut qu'il aille prier à la grande mosquée. Ça, ça m'étonnerait. Finalement, il décroche son téléphone : « Allô, la DDS, N'Guini Tokoï, est-ce que tu peux me rendre un service ? » Une sueur froide perle sur ma nuque. La DDS, c'est la Direction de la documentation et de la sécurité présidentielle. La « Documentation » n'est pas, contrairement à ce que l'on pourrait penser, la bibliothèque municipale. C'est la police politique. Quelques minutes plus tard, une 504 Peugeot banalisée, sans plaque d'immatriculation, stoppe dans la cour du camp des martyrs. Deux gros à l'allure patibulaire, engoncés dans des « abacosts » marron, me font pénétrer à l'arrière. Il n'y a ni manivelles d'ouverture de vitres ni poignées intérieures des portières, méchamment arrachées et cassées net à leur base. Le genre « voiture sans retour »...

Le trajet ne dure que quelques minutes. Je reconnais les lieux : la cathédrale, les tribunes officielles sur la grand-place où se déroulent les défilés militaires... Puis le véhicule s'engouffre dans la concession de la DDS, cernée de hauts murs, sans ralentir devant les sentinelles goranes surarmées à l'entrée. Juste en face de l'US Aid. On m'introduit dans le bâtiment à deux étages, ancienne résidence d'un administrateur colonial. En haut, les salles d'écoute radio. En bas, la Documentation avec une grande salle à gauche où travaillent trois fonctionnaires, tapant sans interruption sur leur machine à écrire. A droite, le bureau du directeur, le propre neveu du président Hissène Habré. On me fait avancer dans une petite pièce carrée aux murs blancs, aux rideaux tirés, éclairée au néon.

Visite de deux barbouzes. Interrogatoire. J'explique mon voyage, mes motivations, et je cite les officiels informés de mon passage. Mes interlocuteurs notent, sans état d'âme. Combien de séjours au Tchad ? Le quatrième. Combien au Soudan ? Deux. Est-ce que j'ai vu le camp d'Idriss Deby ? Si je l'avais vu, je ne serais pas ici, et mon intention n'était pas de le trouver mais de le fuir. Je sais que les Occidentaux ont énormément de problèmes avec leurs observations par satellite. Ces petits joyaux de technologie déconnent complètement et ne sont pas capables de détecter plusieurs centaines de Toyota en bordure du désert de Libye. On en revient donc aux bonnes vieilles techniques humaines. Malheureusement, je ne suis pas là pour cela. Déjà, durant certaines opérations de la guerre du Golfe, les fréquences satellite étaient brouillées sur mon navigateur GPS. Très agréable pour la traversée du désert de Libye. Heureusement, mieux vaut savoir s'en passer.

Mes précédents séjours au Tchad sont détaillés. Motif? Démarches pour obtenir une autorisation de recherches dans l'extrême nord-est du Tchad. En effet, je voulais vivre au moins un an parmi d'authentiques nomades, apprendre leurs techniques, leurs rythmes de nomadisation, leurs trajets caravaniers... Mais rien ne se fait sans l'« autorisation ». La vie est ainsi faite qu'un Sénégalais peut étudier sans problème la vie d'un vigneron bordelais, ou même faire le tour de la Bretagne en pédalo, mais qu'un Français dans le désert est une atteinte grave à la sûreté de l'État en Afrique.

Après des refus formels de la part de presque tous les pays sahariens, arrivée donc à N'Djamena l'année précédente. Puisque le Tchad est le seul pays avec à sa tête un président issu d'une fraction nomade. Trois mois d'attente, à faire tous les ministères de la ville. Finalement, un fameux samedi matin, le ministre de l'Enseignement supérieur et de la Recherche (grand Noir au visage scarifié mais formé en maths : l'inverse de ce qu'il faudrait pour parler d'ethnologie!) téléphone au ministre de l'Intérieur, Ibo, issu de l'ethnie Zaghawa.

« Alors, qu'est-ce qu'on fait? On le laisse partir, celui-là, ou pas?

– Surtout, surtout ne le laissez pas partir! »

L'après-midi même, putsch au stade de football de Kabalaye où Hissène Habré avait pris place dans la tribune officielle pour la finale nationale. Bazooka déjà dirigé sur l'entrée. Petite fuite : le président emprunte une porte de service, puis gagne au volant d'une banale 505 le camp situé en bordure de l'aéroport, gardé par les Français. Son chef d'état-major, Idriss Deby, et le commandant en chef des FANT, Hassan N'Djamous, tiennent la ville quelques heures avant de fuir vers le Soudan : décision sage qui évitera de mettre la capitale à feu et à sang. Ibo, complice, voit débarquer le dimanche matin une cargaison de Goranes excités dans sa maison : balle dans la tête. Je ne saurai jamais si son refus aura été une bonne ou une mauvaise action. En tout cas, ç'aura été la dernière. Concours malheureux de circonstances, la région que je voulais étudier était celle qui était la cause de l'ébullition : Idriss est de Fada. Tout pour paraître suspect, alors que ce que je désirais était seulement de vivre quelque temps normalement au contact d'éleveurs sahariens.

A écouter certains cadres, l'Afrique est entrée dans une nouvelle phase d'économie, d'étatisation, de libéralisme, de progrès technique, alors que tout est ethnique, profondément ethnique. Constat élémentaire qui n'est pas un jugement. Impossible déontologiquement de juger un continent auquel on n'appartient pas. On peut juger par contre des dirigeants corrompus qui mènent un pays à la ruine en moins de temps qu'il n'en faut pour qu'une banane arrive à maturation. Ces soubresauts, de toute manière, n'atteignent que peu les vrais nomades sahariens qui vivent en autarcie complète dans le désert. Au contraire, plus le pays va mal, plus les trafics sahariens deviennent nécessaires et les mouvements de population massifs. Le prix du bétail augmente et les autorités ne surveillent plus leur propre territoire. Finalement, les nomades tchadiens vivent comme ils ont toujours vécu : de « rezzou ». Évidemment, je me garde bien de donner une quelconque opinion à mes geôliers. Et d'ailleurs je m'avoue que je n'arrive pas à me dégoûter du Tchad, un pays qui a au moins le mérite de préserver ses valeurs.

L'un d'eux, un grand mince, plus habitué aux Blancs, m'explique que, le soir même, le dossier sera transmis au président. L'autre, un gros Noir en abacost, me dit qu'il me connaît. Il m'a déjà suivi plusieurs fois dans divers petits bars et pari-ventes (un pari-ventes est une fête en plein air) de Moursal ou de M'Bololo. Cela, c'est sûrement vrai, et il n'a pas dû être déçu... Il ajoute que, de toute façon, je suis déjà fiché. Cela, c'est possible également, avec la chance que j'ai de toujours débouler en plein putsch africain. Une heure plus tard encore, un photographe vient prendre un cliché, après m'avoir aligné contre le mur blanc. Puis tous trois s'éclipsent, notes à la main, afin de les faire taper à la machine par un des trois secrétaires. C'est certainement un des seuls services qui fonctionne correctement, de plus un vendredi après-midi, jour férié, dans cette capitale mitée, en ruine, larvée par la guerre civile, aux édifices criblés d'impacts de balles de mitrailleuses parfois fraîchement recrépis.

Resté seul dans l'obscurité de cette petite pièce isolée, fermée à clé, je médite sur mon sort. Après tout, je suis en règle : visa, passeport, documents divers... Ce qu'on peut me reprocher, c'est d'avoir vu ce que je ne voulais pas voir : le camp militaire de Bao, avec ses 200 à 300 Toyota, certaines surmontées de lance-missiles du type orgue-de-Staline multitubes, de mitrailleuses lourdes 14,5 mm... avec ses blindés légers brésiliens Cascavel, ses tanks massifs et ses petits avions Maretti italiens récupérés sur les Libyens.

Je m'endors en chien de fusil sur plusieurs sièges alignés, sans couverture, épuisé par les privations et la tension nerveuse.

Le jour suivant, on m'apportera à manger, viande grillée à même le trottoir, bananes et lait. Une fois par jour. Ce sera mon repas quotidien. J'ai un estomac rétréci et mes intestins fonctionnent mal. Je suis apparemment là pour longtemps. J'entends, par la radio de mon geôlier, que la guerre civile vient d'éclater à l'est. J'ai donc eu le dernier avion qui quittait la zone ; les Transall n'atterrissent plus. Sans mon jeûne forcé, j'étais prisonnier là-bas. Chance !

Trois jours s'écoulent sans que rien ni personne ne vienne perturber mon isolement. Je crois devenir fou entre ces quatre murs éclairés au néon. Surtout après avoir vécu deux mois nuit et jour en plein air, en harmonie totale avec les éléments. Je suis à deux doigts de me frapper la tête contre les murs en ciment, comme un animal qu'on aurait enfermé. Finalement, je demande à voir le directeur de la DDS, N'Guini Tokoï, le neveu d'Hissène Habré. C'est un grand Toubou Annakaza, au visage cerclé de petites lunettes en métal blanc, jeune, dans un boubou immaculé. Propre. Le genre étudiant africain en France. S'il est venu, c'est parce qu'il croyait que j'allais me « confesser », que j'allais donner le nom de mes « employeurs », parce qu'il est évidemment persuadé que je suis un espion. Il ne le dissimule pas. La conversation s'envenime : je lui demande quelle tête il ferait si on le retenait ne serait-ce que quelques jours à Roissy-Charles-de-Gaulle, et s'il ne crierait pas au scandale, aux droits de l'homme, s'il n'alerterait pas la presse, les médias, que sais-je... Silence en réponse, il le sait bien. Puis son vrai visage apparaît brusquement. Je ne suis qu'un sale petit Blanc. Et il me gardera ici autant qu'il le voudra. Et il n'en a rien à foutre de me torturer, ni même de m'exécuter. Il a l'habitude et le Chari longe la construction. Personne ne sait où je suis, qui je suis. Ni même si j'existe.

Cela, c'est vrai ! Aucune trace de moi et de mon passage depuis Assouan en Égypte. Je peux être soit en Égypte, soit au Soudan, soit au Tchad. Je n'existe pas. Je n'imagine qu'une chose, constamment, c'est le sang d'encre que doivent se faire mes parents. Rien à faire pourtant.

Les jours vont se succéder dans cette prison bizarre. Personne ne sait quoi faire de moi. On attend la réponse du président. C'est lui qui décide de tout. Il en est même à inspecter personnellement le matériel sensible cédé par ses alliés dans les soutes des avions-cargos, le bordereau de livraison à la main. J'entends les nouvelles du front sur la radio de mon gardien. Cela fait longtemps que personne n'écoute plus Radio Tchad au profit de Radio France Internationale, même et surtout les agents de la DDS. Cela va mal. Il paraît que Bao a été rasé. Hissène cherche désespérément des armes. Je serais donc une monnaie d'échange ?

Dans la pièce d'à côté, les fonctionnaires tapent sans interruption sur le clavier de leur machine à écrire. Je comprends que ce sont les dossiers des détenus... et des familles des prisonniers... et des amis des familles des prisonniers. Chacun son dossier. Chaque dossier, sitôt prêt, est apporté par le neveu directement à la présidence. Je le vois parfois démarrer en trombe sous ma fenêtre, au volant de sa 504 cabossée. La plupart du temps, le cas est réglé d'avance définitivement : les geôles sont remplies, dont une à quelques mètres seulement des logements présidentiels. Il peut entendre les cris des tortures. Cela doit bercer ses nuits. A dix mètres de ma cellule, un bâtiment lépreux aux ouvertures masquées par des planches brutes, les fondations inondées par la flaque d'eau d'égout d'une canalisation éclatée. C'est là que je suis autorisé à uriner, deux à trois fois par jour. C'est à l'intérieur également que sont retenus les deux cent cinquante prisonniers politiques du régime.

Un jour, en écartant légèrement le rideau de ma fenêtre, j'apercevrai un petit Arabe clair, tout à fait libyen, les cheveux graisseux, une jambe raide à la suite d'une rafale, qui parlementait sous ma fenêtre avec l'adjoint de N'Guini, un Noir à la stature imposante. C'est tout simplement le chef des Libyens qu'on croyait enfermés à la gendarmerie et que les Tchadiens entraînaient, retournés pour des actions terroristes contre Kadhafi. Il prenait ses ordres.

J'étais vraiment en train de me demander si je recouvrerais un jour la liberté, ou si j'allais seulement rester en vie... lorsqu'un matin, après quinze jours à la DDS, soit près d'un mois de détention, N'Guini vient m'annoncer qu'il faut que je me rase et que je change de chemise. J'étais libéré dans les cinq minutes. Je me doutais de quelque chose, car j'avais suivi à la radio la visite à N'Djamena de Jacques Pelletier, le ministre de la Coopération française, vivement sollicité par ses hôtes. Contenu des négociations : secrètes. En langage clair, cela signifie : armes. Plus besoin de moi, on m'expulse.

Petit passage au cabinet du ministère des Affaires étrangères où un métis fort aimable me livre aux bons soins du consul de France. Celui-ci est en nage, suffoqué. Le temps de dévaler les marches du ministère qui partage ses locaux avec l'UNIR, l'organe du parti d'Hissène, et de prendre place à bord de sa Cherokee à plaques vertes CD, il laisse éclater son exaspération. « Vous auriez pu vous faire tuer vingt fois. » Ça, je le savais, merci. Il m'emmène d'autorité à son domicile protégé par l'immunité diplomatique : « Il vaut mieux que je vous héberge. » Évidemment, d'ici qu'une 504 banalisée ne m'écrase par accident et ne refasse marche arrière par-dessus par inadvertance... Il s'occupera de régulariser mon visa, cela prendra quelques jours et je pourrai poursuivre de la frontière nigérienne. Il veillera également à ce que mes affaires me soient rendues.

C'est très aimable, mais, pour l'heure, j'ai quelques visites à faire : Amina, Béatrice, Debi et d'autres, anciennes amies aux mœurs légères mais au tempérament jovial et gai.

« Salut, les filles !

— Oh, Philippe est revenu. Ça va ? Et ta famille, et la santé ?! »

Elles vieillissent vite. L'une, Fatimata, s'est pris un coup de baïonnette dans l'aine et s'est fait casser le nez par un petit combattant éméché. Une autre, Amina, sort d'un début de gangrène à la jambe, un tesson de bouteille y étant resté fiché après une rixe devant l'Équinoxe.

« Cela a un peu changé, quand même, N'Djamena.

— Non, Philippe, rien n'a changé. Rien n'a changé. »

Tristesse et regard torve légèrement affriolant. Battements de cils. Non, elles me connaissent, elles savent que ce n'est pas moi qui les amènerai en France. Et puis nous sommes amis. Les rires et les exclamations prennent fin lorsqu'en pleine nuit une jeep stoppe devant le portail de la concession. La Légion étrangère. Le travail reprend, pour tout le monde... Pour qu'on fasse appel à eux – ils viennent de Libreville et de Djibouti –, la situation doit être critique à l'est.

Je ne reverrai jamais mes chameaux. Razziés. J'apprends que Masoud serait mort, tué peut-être en revenant de l'aérodrome de Bao, où il acheminait mon matériel, sans mon sac de couchage qui lui était si cher. Des blessés par centaines sont évacués sur la capitale, Goranes par avion, sudistes par camion, s'ils supportent tout au moins les trois jours d'« observation » préalable.

Inutile de traîner à N'Djamena. Matériel récupéré et passeport en poche, je file vers la frontière nigérienne. Quatre cent cinquante kilomètres de désert sableux en véhicule tout terrain. Mon véhicule sera le dernier à quitter régulièrement le pays. Les frontières sont bloquées l'après-midi même. Hissène Habré est en fuite, avec sept milliards de francs CFA de la Banque du Tchad et l'hercule C-130 présidentiel, abandonnant ses troupes en débandade. Dernier geste, les deux cent cinquante prisonniers politiques, mes voisins de la Documentation, sont exécutés et flottent sur le Chari. Le chef de la DDS, mon geôlier, sera arrêté quelques jours plus tard au Cameroun. Motif ? Assassinat d'un émissaire de bons offices – égorgé à trois contre un – venu négocier le retour des réfugiés.

Ma décision est prise : je retournerai au nord du Tchad clandestinement, pour reprendre l'itinéraire là où je l'ai laissé. Malgré le pays en ébullition, malgré les troupes en débandade, malgré les mines, malgré les Libyens qui s'avancent par le nord, profitant de la confusion.

5.

Retour vers l'enfer

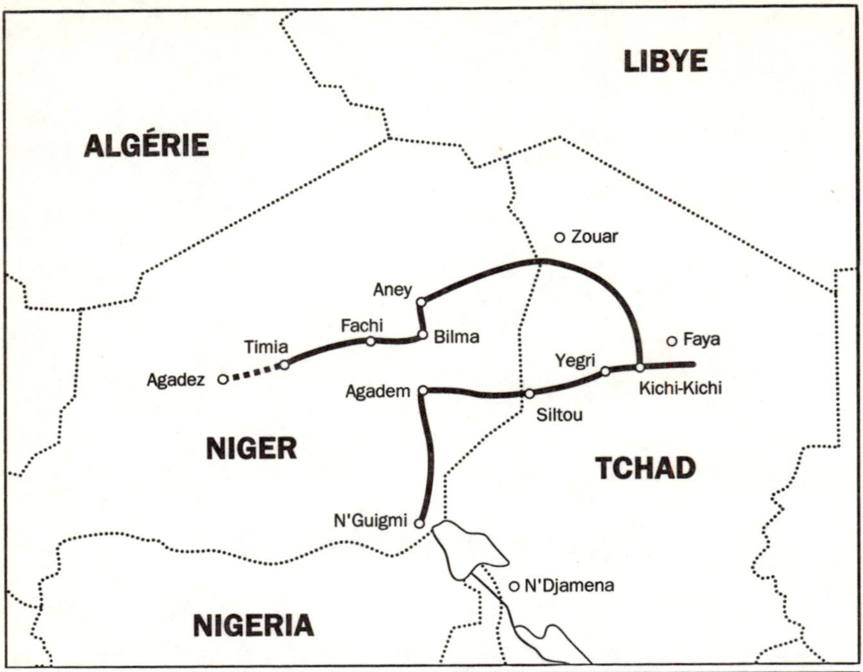
LIBYE
ALGÉRIE
Zouar
Aney
Fachi
Bilma
Timia
Faya
Yegri
Agadez
Agadem
Kichi-Kichi
Siltou
NIGER
TCHAD
N'Guigmi
N'Djamena
NIGERIA

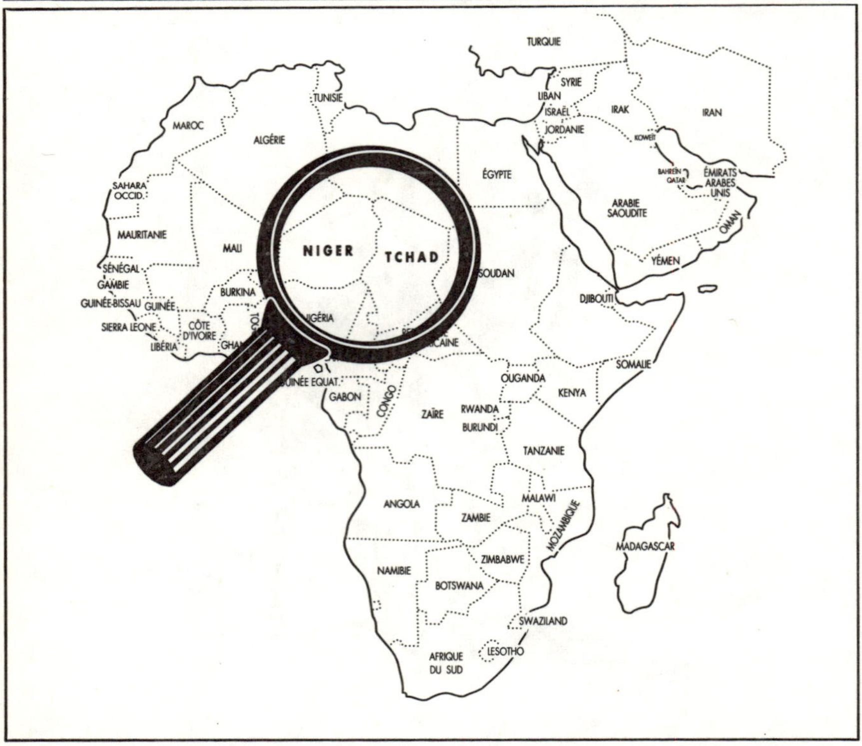
TURQUIE
SYRIE
TUNISIE
LIBAN
ISRAËL
IRAK
IRAN
MAROC
ALGÉRIE
JORDANIE
KOWEÏT
BAHREIN
QATAR
ÉMIRATS ARABES UNIS
ÉGYPTE
SAHARA OCCID.
ARABIE SAOUDITE
OMAN
MAURITANIE
MALI
NIGER
TCHAD
YÉMEN
SÉNÉGAL
GAMBIE
SOUDAN
BURKINA
DJIBOUTI
GUINÉE-BISSAU
GUINÉE
SIERRA LEONE
CÔTE D'IVOIRE
LIBÉRIA
SOMALIE
GUINÉE EQUAT.
OUGANDA
KENYA
GABON
CONGO
ZAÏRE
RWANDA
BURUNDI
TANZANIE
ANGOLA
MALAWI
ZAMBIE
MOZAMBIQUE
MADAGASCAR
ZIMBABWE
NAMIBIE
BOTSWANA
SWAZILAND
AFRIQUE DU SUD
LESOTHO

Marché aux chameaux de N'Guigmi, le 6 décembre au matin. Après trois jours à arpenter les deux marchés à bestiaux de la petite ville nigérienne des bords du lac Tchad, je viens enfin d'acquérir deux chameaux magnifiques. Les belles bêtes ne sont pas si courantes, qui pourraient accomplir la traite que je leur destine. Il s'agit de remonter au nord jusqu'à Agadem, puis de filer plein est par le Ténéré oriental jusqu'après Faya au Tchad, et revenir en longeant le massif du Tibesti et en traversant le Ténéré nigérien sur sa plus grande longueur. Soit deux traversées du Ténéré, l'un des déserts les plus arides du monde avec le désert de Libye. Le premier chameau est d'origine toubou. Il est roux, avec des touffes laineuses sur les épaules et le cou. Il porte une marque Tomagra, un clan d'éleveurs toubous du Tchad. L'autre est brun, très grand, très massif. Chameau daza, fraction Kaïssa, malheureusement un peu vieux à voir ses dents, mais robuste.

La veille, j'étais sur l'autre marché, celui situé au nord de la ville. Le marché sud n'a lieu qu'une fois par semaine, le jeudi. Des centaines de chameaux, baraqués ou debout, entravés ou libres de leurs mouvements, attendent un acheteur. La place est très poussiéreuse et certaines bêtes se roulent dans la poussière afin de se débarrasser de leurs parasites. Peu de blatèrements, peu de discussions animées. Les nouveaux arrivants accroupissent leurs montures un peu à l'écart et dessellent aussitôt, entassant les fontes en cuir d'antilope, les armatures rustiques des selles garnies des coussinets d'étoupe de palmier-doum, les « guerbas » en peau de bouc. En circulant lentement entre les groupes de chameaux réunis par marques de propriétés, je jauge telle ou telle bête, revenant parfois plusieurs fois à la même, ce qui attire invariablement les éloges du propriétaire ou de l'intermédiaire. Mais les allégations cessent aussitôt lorsque apparaissent certains gestes de connaisseur. Je soulève la queue afin de déterminer le sexe et vérifier s'il est castré ou non. Il vaut mieux qu'il soit castré par tranquillité. Un chameau en rut peut être dangereux. Il faut ensuite vérifier la bonne qualité des soles, car le meilleur chameau sera inutilisable s'il a les pattes abîmées. Ensuite, un solide avant-train musclé, des épaules larges... une belle bosse haute et droite, ferme, mais ce n'est pas une qualité indispensable si le chameau est par ailleurs honnête. Donc il faut constamment soulever les jarrets, tâter les formes, observer l'allure, les yeux (il peut être borgne du fait d'une épine...).

Un Arabe Moïda s'approche. Petite barbiche biseautée, grand, mince, gellabieh immaculée. Il me prend la main pour me conduire jusqu'à un chameau ma foi beau, mais trop jeune. Peut-être quatre ou cinq ans. Inutile même de lui ouvrir la gueule pour compter ses dents, son aspect seul suffit à déterminer son âge.

« *Da ibil koïs.*

— Non, non, beaucoup trop jeune pour une caravane, il va me poser des problèmes.

— *Wallaye, mafisch muchkula!*

— Tanam, montre voir! »

Il cherche des yeux un de ses fils, l'interpelle et lui intime de monter le chamelon. A peine hissé sur l'avant de la bosse, à cru, le jeune animal se cabre, rue et engage une course folle à travers le marché, cherchant à tout prix à se débarrasser de son cornac. Toutes les activités s'arrêtent, les regards se tournent vers l'endroit de la cavalcade, les sourires et les exclamations joyeuses commencent à fuser. Il ne fait aucun doute que le gamin n'a aucune chance de maîtriser sa monture, cramponné qu'il est à la bosse, jambes serrées sur l'encolure. Comment va-t-il simplement s'en dégager ? Finalement, il est projeté en l'air par une ruade plus sévère que les autres. Mais il se raccroche désespérément aux poils de la crinière, les pieds dans le vide, et dans le même mouvement se laisse glisser le long d'un antérieur. Bravo ! Heureusement que je ne l'ai pas essayé moi-même. Je n'aurais pas mieux réussi, c'est évident. L'expérience a tout au moins établi ma respectabilité sur le marché et a permis à tous de se distraire à peu de frais.

Les Toubous présents au marché à chameaux observent en connaisseurs. Deux mille réfugiés, tous combattants d'Hissène, ont afflué la veille. J'ai même reconnu des petits combattants de Bao, visiblement choqués. Pour l'instant, ils conservent leurs armes à leur campement, à l'extérieur de la ville, et circulent à bord de tous les véhicules volés à diverses administrations en partant. Y compris aux équipes humanitaires. Cocasse de voir certains visages sévères entassés dans de minuscules jeeps Suzuki volées à des coopérants. Certains ont même demandé aux Petites Sœurs de Foucauld de leur dissimuler des RPG7 lance-roquettes et des M14 dans leur mission. Ils ne doutent apparemment de rien. Je soupçonne les combattants d'être présents au marché de chameaux surtout pour surveiller les transactions des bêtes razziées au Tchad et revendues au Niger.

Je paie 70 000 CFA chaque animal (soit 1 400 FF). Plus 5 000 CFA (100 FF) pour le transactionnaire. Un petit reçu avec les marques au fer rouge correspondant à chacun. Ils sont à moi. J'achète une selle touboue, peu différente des selles kebabish de l'Est, avec ses coussinets, plus des brides et des mors, pas indispensables mais utiles. Rien n'est trop cher ici au Bornou et au Kanem, car nombreux sont les éleveurs, d'ethnies très diverses : Arabes clairs Moïda ou Ouled Sliman, Daza ou Guezebida (Toubous), quelques Peuls... L'essentiel est de choisir des chameaux les plus sahariens possible. Qu'ils soient adaptés et sobres. Un chameau sahélien ne tiendrait pas une semaine. J'ai les meilleurs.

Voilà. Le lendemain, ils retournent chez eux, ou plutôt nous retournons chez nous dans le désert.

Départ à 6 heures. Progressivement en tout cas, car nous sommes à la lisière du désert. Le cram-cram est horrible. Ce sont des petites boules piquantes propres au Sahel, qui s'incrustent partout. Tous les trois pas, il faut s'arrêter pour ôter les épines minuscules. De nombreux nomades des campements environnants approchent pour quémander du sucre, du tabac... comme si j'étais colporteur. A une journée d'un marché, c'est inacceptable.

La nuit, une bande de phacochères vient grogner à quelques mètres de mon bivouac. Décidément, vivement les sables désertiques.

Au matin, le sol est tellement martelé des passages de bétail que j'ai beaucoup de mal à distinguer les traces de soles de mes propres bêtes, qui s'étaient éloignées durant la nuit à la recherche de fourrage dont elles manquaient sur le marché. Je crains un vol, je suis durant dix kilomètres de mauvaises empreintes, reviens sur mes pas, et les découvre ruminant paisiblement à quelques centaines de mètres seulement. Nous aurons le temps de nous connaître...

Le quatrième jour, le cram-cram disparaît progressivement et de grandes dunes molles commencent à prendre forme, orientées nord-sud. Jusqu'au soir où je parviens à la piste abandonnée d'une prospection minière conduisant à N'Gourti, un petit poste militaire nigérien en alerte depuis la présence tchadienne. Les chameaux paissent paisiblement dans un repli de terrain et je suis occupé à calculer ma position à la lueur d'une lampe.

La nuit est définitivement tombée quand les phares d'une vieille Land Rover trouent l'obscurité au loin. Ma couverture de survie aluminisée attire immanquablement la patrouille qui stoppe devant moi, pleins phares. Un Blanc assis en tailleur, calme, seul sur cette couverture lumineuse. De quoi flipper complètement. Je devine les armes braquées à travers le pare-brise et, après maintes hésitations, le plus jeune est chargé d'aller vérifier. Trente secondes plus tard, je suis à nouveau seul.

Les étapes se succèdent au fil des puits, assez fréquents

dans la zone : Ouadi Nar, Bedouaram, Belabirim. Les troupeaux de chameaux sont nombreux, les nomades riches... mais pingres. Au puits de Bedouaram, ayant comptabilisé mes réserves de nourriture, je constate que je serai à nouveau juste. Je demande s'ils ont du mil. En effet, ils ont du mil, le plus cher de l'histoire, dix mille CFA le petit sac, plus une guerba pour le piler. La veille, j'avais donné la moitié de mon sucre.

A partir de ce puits, plus aucun campement. Et je retrouve les grandes étendues sableuses que j'avais quittées au Soudan. Toute une vie animale à peine troublée par mon passage : deux fennecs gros et gras qui se laissent approcher à moins de dix mètres, un varan des sables immense (1,50 mètre) qui s'éloigne pataudement en laissant une empreinte de monstre... Je l'aurais bien mangé, mais il n'y a déjà plus de bois pour le cuire. Le désert a repris ses droits.

J'arrive finalement à Agadem en début d'après-midi, neuf jours après avoir quitté N'Guigmi. La remise en jambe a été poussive et j'ai peiné sur le flanc des dunes arrondies mais molles. Peut-être ne suis-je simplement plus stimulé par le danger, car ici au Niger je suis encore en sécurité... pour le moment. Agadem est ma dernière étape avant de replonger clandestinement au Tchad. C'est une large cuvette au milieu des dunes, cernée à l'est par une montagne isolée, anachronique au milieu des sables. Au fond, je découvre un vieux fort désaffecté entouré de palmiers-doums. Le puits est comblé et je ne trouve que quelques oglats dans les racines de palmiers, avec très peu d'eau infestée de larves. Une heure plus tard pourtant, je trouverai un deuxième puits, profond seulement de deux à trois mètres. Je fais le super-plein : en tout cent cinquante litres.

Je déballe à nouveau ma carabine et la suspends à sa place, le long de ma selle. J'ai remarqué qu'à sa vue les rencontres étaient un peu plus cordiales. Pour cette dernière nuit, les chameaux broutent consciencieusement les buissons verts qui tapissent la dépression d'Agadem. Je n'aime pas trop ces plantes grasses, elles dégagent un suc légèrement urticant pour l'estomac des bêtes.

A l'aube, en quittant Agadem, dernier refuge, j'aperçois un autre massif isolé à l'est : Tchéni-Tchadi, abandonné depuis longtemps par tout nomade. Puis le vent d'est se lève, pleine face, défi supplémentaire, semblant m'indiquer la direction à ne pas suivre. Même les chameaux se montrent peu enthousiastes à s'engager vers le soleil levant. Ils sont pourtant originaires de là-bas. Ou est-ce mon imagination ?

Il est vrai que le paysage est purement minéral dans ce Ténéré oriental très mal reconnu. C'est en fait la même étendue sableuse désertique laissée au Soudan qui se prolonge ici. Elle n'est entrecoupée que par le fil des frontières arbitraires et les appellations qui changent. Le relief n'est pas uniforme. Les grandes collines sableuses se tassent et s'aplanissent, laissant la place à un reg sableux, gondolé, immense avec de place en place des massifs dunaires aux pentes très escarpées et enchevêtrées, irrégulières, qu'il faut absolument contourner. Les dunes sont indiquées sur la carte dont je dispose, et ne paraissent pas trop se déplacer, mais j'ai toujours peur de voir le passage se fermer par des murs de sable.

Le décor – et c'est là le plus pénible – est balayé interminablement par un vent constant d'est, violent, qui siffle à mes oreilles, masquant les aspérités du terrain, rendant la marche et l'orientation difficiles. Vent froid et perçant le matin, vent chaud vers midi. Les seuls répits brefs sont les moments où je découvre un petit pâturage à chameaux : des buissons verts à germe dur que les bêtes aiment beaucoup mais mettent longtemps à mâcher. Je me tourne alors dos au vent et les regarde brouter une touffe, car cette fois je n'ai pas de fourrage à leur procurer le soir. Ou bien j'en ramasse parfois les racines sèches qui fournissent un bon combustible.

J'ai depuis longtemps renoncé à faire de la « cuisine » saharienne. Je prépare uniquement tous les six ou sept jours toutes les galettes de farine de la semaine. Évidemment, vers le troisième jour après leur cuisson, elles deviennent dures comme du bois et commencent à moisir. Aucune importance. C'est l'unique moyen d'économiser bois et énergie. C'est cela qui compte. L'organisme doit s'adapter, quitte à vivre comme un animal.

Les jours se succèdent ainsi, ma peau se tannant et se ridant au souffle sec. Mes talons se fendent d'énormes crevasses, profondes parfois de 1,5 centimètre. Absolument aucun corps gras à y déposer : je n'ai ni huile ni beurre... (ma nourriture est composée de mil, farine, dattes). Un seul avantage, l'orientation : tant que j'ai le vent dans le nez, je suis dans la bonne direction... Le 20 décembre, je franchis symboliquement la frontière tchadienne. Aucun signe de vie depuis le puits de Bedouaram, il y a dix jours. La carte m'indique une présence éventuelle d'eau par ici. Un point d'eau qui s'appellerait Siltou. J'ai du mal à le croire. Avec l'aide du navigateur par satellites GPS, je détermine exactement l'endroit et découvre, dans le creux d'une dune, un buisson. Le sable est humide, mais pas assez pour filtrer l'eau. J'essaie néanmoins de creuser un oglat étroit à l'aide de ma cuillère, mais le vent ensable plus vite que l'eau ne sourd. C'est vraiment le Ténéré.

Avec le Tchad, le paysage devient plat et le pâturage du même coup insignifiant. Je tombe en arrêt devant un lot de casseroles et de théières abandonnées, neuves et intactes. Tôle émaillée et vernis bleu. On sent le drame! Chameau de caravane écroulé ou rencontre entre trafiquants et combattants... A partir d'ici, je coupe de très nombreuses traces fraîches de véhicules, toutes orientées nord-est-sud-ouest. Pas besoin d'être devin pour comprendre qu'il s'agit des partisans d'Hissène Habré qui fuient le nord et l'est du pays pour se réfugier au Niger. Ils en veulent terriblement aux Français, qui, pensent-ils, les auraient trahis. De toute façon, en cas de rencontre, je sais très bien qu'il sera inutile de seulement discuter avec ces bandes armées de désespérés en fuite, n'ayant plus rien à perdre. Une seule chose à faire, dégager. Vite. Et, comme le décor est plat et que la vue porte tout de même à huit-dix kilomètres, avoir de la chance et espérer qu'il n'y ait pas de retardataires.

Le 24 décembre, veille de Noël, je me situe par 17° 17′ 20″ nord et 16° 32′ 10″ est, autant dire au bout du monde. Pourtant, je pense beaucoup à ma famille, à l'Alsace où j'ai vécu. Je décide, pour fêter l'événement à ma façon, de m'offrir un festin : ce soir, je mangerai donc une galette « et » du mil, alors que d'habitude c'est l'un « ou » l'autre... Et j'attrape une indigestion.

Le jour de Noël, je m'oriente vers Yegri. Je ne sais pas exactement ce que j'y trouverai. De l'eau, j'espère. A ma gauche, j'aperçois un relief inaccoutumé : la falaise d'Angamma. Il s'agit d'un plissement ondulé très caractéristique. On dirait un énorme serpent bleuté avec ses volutes qui avancent et qui reculent. A droite, au loin, des dunes escarpées. La falaise d'Angamma mène jusqu'à Faya (capitale du nord du Tchad), mais il faut avant tout de l'eau, quitte à en reprendre également au retour.

Le jour suivant, j'apercevrai des buissons au loin. Au fur et à mesure de l'approche (cinq heures pour y parvenir en fin d'après-midi), on se rend compte finalement que ces buissons sont des palmiers-doums de vingt mètres. Leur aspect évoque un atoll isolé dans l'océan, noyé dans les couleurs du couchant. En serpentant entre la vingtaine de doums à la recherche d'un oglat possible, je sens une certaine nervosité chez les chameaux. Je descends en me laissant glisser le long de l'encolure de mon chameau toubou et m'apprête à chausser mes sandales. J'ai à peine le temps d'enfiler une sandale que les chameaux, brusquement, détalent à toute vitesse. Direction : Ténéré. En un éclair, je comprends que c'est ma perte. Tout est arrimé aux selles : cartes, eau, argent... Je me retrouve ici, loin de tout, clandestinement dans un pays en pleine insurrection, avec une sandale à un pied. Aucune chance. Le film se déroule devant mes yeux en une fraction de seconde. Aussitôt, avec toute l'énergie du désespoir, j'engage une poursuite que je pressens perdue d'avance. Les deux bêtes, reliées l'une à l'autre par la bride du chameau brun, galopent éperdument, plusieurs mètres devant moi. J'ai le souffle court. D'un mouvement de cheville, je jette au loin mon unique sandale pour courir plus vite sur le sable dur. J'ai les poumons en feu, la gorge serrée. J'ai réussi à rattraper une partie de mon retard et je cours, une longueur derrière le chameau brun. Dans un dernier sursaut, je pourrais m'élancer et l'attraper par la queue, me laisser traîner au risque d'un coup de sole au visage. Mais je n'ai plus l'énergie pour le faire, surtout après une journée de marche. Le martèlement de ma course ébranle tout mon corps. Un nuage commence à voiler ma vue. Je m'effondre. Et aussitôt les chameaux s'arrêtent.

En rampant, je saisis la renne du chameau roux. Sauvé. En faisant le chemin du retour, épuisé, les jambes molles, laissant lentement mon pouls reprendre son rythme, j'essaie de comprendre. C'est le bruit du vent dans les palmes de doum qui a affolé les bêtes. Elles ne connaissent pas. Elles n'ont probablement jamais vu de palmiers et ne connaissent que les petits buissons épineux du désert. Je ramasse ma sandale, à peine remis. Fini pour aujourd'hui. En tout cas, pas d'eau. J'entrave les antérieurs des chameaux afin qu'ils broutent une plaque de verdure à quelques mètres de la minuscule oasis. A l'aube, ils auront passé toute la nuit à essayer de s'enfuir au lieu de se nourrir. Intelligent. En m'approchant d'eux, après avoir suivi les traces sur trois kilomètres – petites enjambées retenues par des sangles et un mousqueton –, ils tentent à nouveau de s'enfuir, à cloche-pied et en ruant. Quels cons !

Une demi-journée encore pour arriver à Kichi-Kichi, une palmeraie de doums étendue à l'abri de la falaise d'Angamma. J'use de toute ma méfiance pour essayer de repérer une présence humaine. Apparemment personne, mais j'ai la désagréable surprise de trouver les empreintes fraîches d'une patrouille : une Toyota et un camion. Ils sont venus inspecter les parages. Certainement les nouveaux arrivants à la recherche de fuyards. Ou plus prosaïquement à la recherche de chameaux à razzier aux nomades (le Yayo est une des zones de parcours des Annakaza, clan d'Hissène Habré).

En surveillant alternativement l'horizon restreint par les doums et le sol, à la recherche d'eau, j'avance jusqu'au lit central de l'oued qui descend du relief de la falaise... et je tombe en arrêt devant une Toyota. Éclatée. Éclatée par en dessous. Les portières sont béantes vers le haut, le toit et le pare-brise arrachés comme une boîte de conserve ouverte. On aperçoit le radiateur à cent mètres et la tache jaune de la batterie à la lisière des arbres. Une mine. Une mine récente puisqu'on distingue encore les traces du véhicule arrivant jusqu'ici. Merde, je me trouve au milieu d'un champ de mines. Pétrifié, je ne parviens pas à faire le moindre mouvement jusqu'au moment où les deux chameaux, impatients, veulent s'avancer, chercher quelques touffes. Là, je décide de progresser pas à pas, dans l'ornière même. Heureusement, les chameaux ont un pas en ligne et placent toujours leurs pattes arrière juste derrière leurs pattes avant. Nous avançons ainsi le long du sillage du véhicule jusqu'au moment où le sable cède la place à une croûte durcie et fendillée. Sauvés!

Quelques centaines de mètres plus loin, je découvre l'oglat, trou carré taillé dans cette surface argileuse. L'eau est parsemée d'algues vertes et de mousses, mais elle est délicieusement fraîche au toucher. Un quart d'heure pour abreuver les bêtes en leur puisant l'eau à part, car elles refusent de boire dans le trou où, pourtant, l'eau affleure.

Un moment, je pense à un empoisonnement du puits par les militaires d'Hissène Habré, cadeau pour les nouveaux arrivants. On m'avait parlé de ce genre de choses, et même de ballots de vêtements et de couvertures abandonnés, saupoudrés de poison. C'est pourquoi je laisse boire les bêtes d'abord, avant d'y goûter. C'était peut-être le cas d'ailleurs, mais je constate que l'eau se régénère très vite, au rythme de chaque seau prélevé...

Sitôt fini, je dégage, le long de la falaise d'Angamma. Encore quelques révolutions de soleil et je ferai demi-tour. Le point le plus à l'est possible est touché, dans cette immensité ocre qui s'appelle à présent le Borkou. But atteint, je fais volte-face. A présent direction nord-ouest, le long du massif du Tibesti. Dès que je l'aurai dépassé, plein ouest pour fuir la zone vers le Niger, en refaisant le Ténéré en sens inverse.

C'est à la lisière sud du Tibesti près de Faya que j'encaisserai la plus impressionnante des tempêtes de sable. Tout le simoun est canalisé par le relief de l'Emi Koussi, un volcan éteint de 3 400 mètres d'altitude, le sommet le plus haut du

Sahara. Après une brume flottante et imprécise accompagnant le soleil rougeoyant de l'aube, le vent se lève, terrible... Des graviers gros comme des noyaux de cerises sont soulevés à deux mètres du sol et projetés contre ma face avec violence, rendant chaque surface de peau nue douloureuse. La visibilité est quasi nulle : impossible de compter ses doigts le bras tendu devant soi. Les chameaux sont violemment déportés par les rafales latérales, avant de reprendre leur cap. A chaque instant, je m'attends à les voir s'effondrer, baraquer l'un à l'abri de l'autre. Non, ils progressent, courageux, leurs yeux fouettés par le sable.

Jusqu'au soir où, enfin, survient l'accalmie. Je déroule le chèche qui m'emmaillotait le visage. Le sable a pénétré partout : yeux, narines, oreilles, crissant entre les dents. En calculant ma position, surprise ! J'ai établi une étape record : cinquante-cinq kilomètres, et pas un degré de déviation, rivés qu'étaient mes yeux sur la boussole.

Au fil des jours, la température fraîchit et descend même une nuit jusqu'à moins cinq degrés centigrades. Sur les piémonts du Tibesti, mon altitude a depuis longtemps dépassé les cinq cents mètres, et le climat s'en ressent, surtout le matin, lorsqu'il faut marcher les doigts gourds, la longe à la main. La plupart des puisards ont été comblés par les crues des oueds qu'on appelle ici les « enneri ». Certains cours d'eau ont littéralement été dévastés sous la violence des eaux, véhiculant des déchets sur des centaines de kilomètres en aval. Ainsi, l'enneri Sherda, mort.

Il y a une garnison à Sherda, une cinquantaine de kilomètres en amont de l'oued. J'ai entendu à la radio que les Libyens profitent de la confusion tchado-tchadienne et progressent dans le massif du Tibesti, le long des vallées. Or ils doivent être à cent ou au plus deux cents kilomètres à vol d'oiseau. Impossible de faire croire à quiconque que je ne travaille pas pour les services français. Si c'était le cas, au moins, on me tuerait moins facilement pour essayer de m'échanger.

Le 4 janvier, j'arrive à proximité de l'enneri Zorom. C'est pratiquement le dernier escarpement du Tibesti avant de fuir vers le Niger. Mais là, une vision d'apocalypse m'attend. Très tôt le matin, en tournant machinalement la tête, j'aperçois entre les dunes de l'enneri plusieurs véhicules militaires. Je cours aussitôt à l'abri de dunes proches, baraque mes bêtes et observe à la jumelle. Tout cela est bizarre, trop calme. Je m'approche et découvre toute une colonne militaire libyenne éclatée, décimée à la roquette et à la mitrailleuse lourde. Un carnage. Des déchets éparpillés sur des kilomètres, épars sur les dunes. Des Toyota, des camions, des tanks. Pas de cadavres. Déchiquetés certainement par l'explosion ou incendiés par la suite. Un squelette seulement, pauvre hère blessé qui a dû ramper plusieurs centaines de mètres avant de mourir de soif sous un buisson dans l'enneri. Inutile de s'attarder. En partant, je ramasse une espadrille à moitié consumée. Je ne peux m'empêcher de la sonder pour voir si des orteils sont encore à l'intérieur. Les chameaux sont totalement indifférents à ce spectacle et ne s'intéressent qu'à la végétation. Attention pourtant aux éclats de verre et aux ferrailles découpées... Ce sera ma dernière vision du Tchad, carte postale désuète.

Les pics du Tibesti émergent, embrumés au-dessus du plateau du Daski. On ne les imaginerait jamais aussi élevés, ombres chinoises en dents de scie sur l'horizon. A partir d'ici, j'ai deux solutions pour fuir le pays. Emprunter le passage naturel – le col de Yeï Lulu – en contournant le grand erg de Bilma, immense ensemble dunaire qui marque la frontière. Ou couper directement dans l'erg. Par « sécurité », j'opte pour la seconde solution. Plus comme un animal farouche que par réflexion.

Et ce sont d'immenses dunes qui s'offrent à moi. Les chameaux hésitent avant de s'engager, escaladent les pentes sableuses abruptes, les dévalent, suivant parfois des méandres inextricables. Jusqu'au moment où je dévale une pente plus raide que les autres. Hélas, c'est une cuvette aux pentes trop escarpées pour être escaladées. Nous sommes prisonniers de l'erg. Il faudra des heures d'effort, poussant, tirant les bêtes l'une après l'autre, arasant pratiquement la crête d'une dune avec leur ventre pour sortir du piège. Les bêtes sont en nage, poil hérissé. Les longes sont rapiécées, rompues plusieurs fois.

Un moment, je suis les traces de deux gazelles. Finalement, ces animaux ont un certain instinct pour repérer les passages. Mais, au milieu de l'erg, il n'y aura plus rien.

Étrange comme, dans les situations les plus rudes, je redécouvre un instinct enfoui et un mimétisme animal. En fait, je réagis très souvent par pulsion subite. En calculant beaucoup, bien sûr avec prudence, mais aussi beaucoup en écoutant quelque chose de plus primitif et d'inexplicable. Ce sens-là, on ne peut l'acquérir qu'en vivant seul comme une bête traquée dans un milieu hostile. Un milieu hostile où l'on est parfaitement adapté, mais où l'on réapprend constamment.

L'épreuve va encore durer deux jours, puis c'est la délivrance : le plat, le Ténéré et l'immensité jusqu'à l'Aïr, mille kilomètres à l'ouest. Mais les chameaux tiendront-ils ? Rien n'est moins sûr. Le chameau brun a les soles usées, plaies ouvertes au contact du sol. Il boite terriblement le matin avant de reprendre son rythme habituel, courageusement. Il sait que s'arrêter ici signifie sa mort assurée. Je n'ai malheureusement rien pour le soigner : tabac à chiquer sur la plaie, sel pour aseptiser ou oignon frotté, bains d'eau froide. Ni même une pièce de cuir à coudre. La route sera longue, très longue jusqu'à Bilma, petit poste nigérien perdu au milieu du Ténéré. En passant par Aney et Dirkou. Dix jours de marche ininterrompue sans un pouce de végétation avec toujours la même lancinante question : tiendront-ils ? Je ne sais s'il s'agit d'épuisement, mais le sable me semblera constamment plus mou, mes sandales plus lourdes et mes bêtes plus rétives.

Les outres à eau sont encore pleines. Je bois en effet très peu. Tout au plus, un litre par jour. Un verre de thé le matin, quelques gorgées d'eau la journée et la soupe du soir. Nous sommes en hiver. Aussi, voyant que je ne serai pas à court d'eau, je cherche à abreuver mes deux chameaux. Je déverse une outre entière dans un trou creusé dans le sable et tapissé d'un sac poubelle. J'approche les bêtes... elles n'en veulent pas. Elles n'ont pourtant pas bu depuis Kichi-Kichi, treize jours plus tôt. C'est dû au froid et au manque de pâturage. Mes chameaux soudanais, eux, s'étaient précipités sur l'eau offerte après treize jours, mais nous étions alors encore fin septembre.

Enfin, Bilma... Première visite auprès des gendarmes du petit poste pour faire viser mon passeport. Cela fait plus d'un mois que je n'ai vu personne. Provenance ? Tibesti au Tchad. Par où ? J'explique que j'ai coupé par le grand erg de Bilma. On m'annonce que j'ai bien fait, parce que le passage normal pratiquement obligé par le col de Yeï Lulu est archiminé. Je deviens livide. Au cas où j'en douterais, on m'informe que deux gamins nigériens, incorporés de force dans l'armée tchadienne, ont tenté de fuir par là avec deux chameaux volés. Une monture a explosé sur une mine, coupée en deux. Les gamins sont arrivés à deux sur la bête rescapée.

Ceci il y a quelques semaines. A la suite de quoi, une patrouille de gendarmerie est allée inspecter les lieux, puisque les mines auraient été posées en territoire nigérien par des Tchadiens ou des Libyens : véhicule éclaté, perdu corps et âme. Depuis, personne ne passe.

Pour conclure avec l'épisode tchadien, dernière rencontre, toujours au poste, avec des Goranes réfugiés au Niger. Ces aimables natures ont simplement dénoncé des compatriotes en fuite réfugiés dans des campements toubou au Djado nigérien, tout proche. Ceci contre un certificat de naissance nigérien. Braves gens. Je reste muet, mais tout mon écœurement doit se lire sur mon visage. Je me remets de tant de haine chez un brave Touareg, du nom de Hosmane, perdu au milieu d'une population de Béri-Béri et de Guezebida (Toubous du Kaouar). Il m'héberge chez lui trois jours, m'aide à épancher le sang des pattes gonflées de mes deux chameaux et me procure du fourrage à emporter.

Comme toujours, les bêtes d'abord. Elles ont les pattes en piteux état. Le chameau brun, à présent, a la peau nue au contact du sol sur une surface grande comme une balle de tennis. Et les deux ont les pattes gonflées de sang coagulé sous la couche de corne de la sole. Hosmane et moi, nous immobilisons donc une bête après l'autre pour ensuite entailler la veine du pied et laisser ainsi le sang s'épancher. Après quoi, je les emmène toutes deux à Kabala.

Kabala, ce sont les mines de sel de Bilma. Elles sont situées à une demi-heure de marche au nord de Bilma. Là, une petite source développe une mare de saumure et cette eau froide et saturée de sel a la propriété de décongestionner les pattes des chameaux après cette étape démentielle. Je les laisse donc déambuler longuement sur ce miroir liquide, monté à cru la rêne à la main. Quand ils en ressentent le besoin, ils ploient leur long cou comme des flamants et ingurgitent des quantités énormes. Puis je me rends aux mines proprement dites, à peu de distance. Une caravane est arrivée la veille d'Agadez. Les chameaux sont entravés et attendent que les charges de sel soient emballées dans des nattes de palme. C'est ce qui prend le plus de temps et justifie un repos forcé de deux à trois jours à Bilma. Je compare immédiatement avec une petite caravane de Toubous mélangés de Kanouris que j'avais vue à quelques heures de Bilma. Eux laissaient pâturer les bêtes et paraissaient bien meilleurs chameliers, adaptés au terrain et soucieux de leurs bêtes. Eux venaient du sud échanger du mil contre des dattes. Les caravanes touarègues, elles, me font l'effet d'une longue colonne de fourmis ne quittant jamais les axes caravaniers. Jamais un écart ni à droite ni à gauche dans un Ténéré qui leur est hostile et étranger. Contrairement aux Toubous qui y vivent.

Les selles de bât sont éparpillées à même le sol, à l'ombre de murets délimitant les parcelles des salines. Tous sont affairés à enrouler trois par trois les cônes de sel moulé qui seront revendus sur les marchés d'In Gall, d'Agadez ou de Sokoto. Du sel destiné au bétail, surtout.

Je remarque que les personnes présentes sont pourtant bien noires. Ce ne sont pas des Touaregs, contrairement à un mythe tenace. Ce sont des Haoussas ou des Bouzous, les anciens captifs noirs des Touaregs. Et ceux-là ne parlent même pas tamachek. Ils sont simplement exploités par les Touaregs qui louent leurs chameaux et rétribuent les caravaniers au moyen de un ou deux pains de sel. Ils ne seraient même plus capables d'une traite, à supposer qu'ils l'aient faite un jour. Et puis, n'est-ce pas, il y a les Djenoun dans le Ténéré, et il fait froid en hiver, chaud en été, et c'est vraiment fatigant de travailler. Mieux vaut quand même glandouiller sous la tente ou même encore sous les toits de tôle ondulée des bidonvilles d'Agadez. Les autres font d'ailleurs tout aussi bien leur métier de « routier ». Mythes, mythes, véhiculés par les agences touristiques et une certaine presse complaisante.

Ils sont cinq Touaregs seulement à Bilma, dont Fatimata, une belle Targuia qui s'éprend de l'étranger blond venu de nulle part et qui sait si bien s'occuper de ses chameaux. Dès que son regard m'accroche, elle rougit, baisse les yeux et bredouille des mots sans suite.

Je crois que c'est simplement la marque d'un désert absolu qu'on doit lire sur moi et qui doit impressionner même des nomades qui y vivent. De toute manière, inutile, je repars... D'ailleurs, elles s'appellent toutes Fatimata.

A Fachi, je devrais retrouver mon père, qui vient spécialement en plein Ténéré m'apporter le minimum pour poursuivre : les cartes suivantes, des polyvitamines, un peu de nourriture, des nouvelles... Je suis très heureux de revoir mes proches, car je sens que le Sahara prend trop d'emprise sur moi, me dévore. J'étais trop longtemps une bête en fuite avec des besoins primaires dont le principal était de survivre. Encore cent soixante-dix kilomètres.

La distance est longue pour des bêtes quasi épuisées. Heureusement, le ciel est couvert. La marche lente n'est interrompue que par les bagarres générales entre les chameaux et moi lorsqu'ils tentent de dévorer la paille en bottes sur les bâts. Je comprends pourquoi certains caravaniers mettent des muselières aux chameaux les plus gourmands. Et emballent toutes les bottes d'« achegour » dans des filets à maille tressée. Je marche à nouveau sans plaisir dans ce désert par trop reconnu. On a tellement monté en épingle cette petite portion de surface stérile pour de seules raisons touristiques (toujours les mêmes éternels trois cent cinquante kilomètres) que je n'ai qu'une envie, arriver. Et ce Ténéré, je l'ai goûté un peu trop : une fois vers l'est, une fois vers l'ouest de Faya à l'Aïr en passant par le Tibesti. Cela me suffit pour un désert qui n'égale pas en beauté et en sauvagerie l'Ash Shimaliya.

Enfin, j'aperçois Fachi de loin. Oasis morte, inanimée. Puis une personne traverse une venelle et, une demi-minute plus tard, c'est toute la population qui m'accueille, escortant mon père à ma rencontre. Moment magique, intense. Je saute du chameau directement dans ses bras. Il a soixante-deux ans et il est venu aider son fils en plein Ténéré, après sa plus dure épreuve. Inhabituel. Je ne sais pas encore que c'est la dernière fois que je le verrai.

Il s'agit toutefois de rejoindre l'Aïr, de sortir du Ténéré. Je fais tout pour soulager mes chameaux, pour leur permettre d'arriver. A Timia, dans le massif montagneux de l'Aïr, l'étape sera bouclée pour eux. Encore faut-il y arriver. Il est certain que, si nous n'étions pas en hiver, ils seraient déjà morts. Le froid sec et vif est mon meilleur allié. L'avant-dernier jour de sable, je croise une caravane de la Taghlamt, la caravane de sel. Un point à l'horizon. Le point grossit, devient une suite de formes. Les formes sont des chameaux marchant en groupes, escortés par des hommes à pied. Deux cents ou trois cents chameaux peut-être, en fait, deux caravanes distinctes qui font la route ensemble.

Je me verrais incapable de faire la traite en groupe, de suivre un rythme commun. Et les caravanes ne font d'ailleurs qu'une toute petite partie du Ténéré. Encore une fois, ce sont de pauvres Haoussas, ou Bouzous noirs, mal habillés pour le vent glaçant d'hiver. Ils circulent en groupe afin de recréer l'atmosphère des marchés de Maradi ou de Tahoua. Pour ne pas trop subir le désert. Pas ma méthode. Je leur cède volontiers des allumettes et de la nourriture. Ils me font pitié dans ce désert où ils ne sont pas nés.

On aperçoit déjà à l'horizon les premiers monts de l'Aïr. Je vise le passage caractéristique qui va me permettre de progresser le long des oueds qu'on appelle ici « kori ».

J'ai affaire aux dernières dunes qui s'enchevêtrent et

s'entassent contre le flanc des premières crêtes rocheuses. La dernière montagne qui n'était pas de ce sable instable et mou qui s'enfonce sous chaque pas remonte au Tibesti. C'était il y a un mois et mille kilomètres à l'est.

J'ai perdu cette habitude de sentir sous mes semelles un sol réellement stable, comme revenant d'une apesanteur inconnue. La fatigue de la marche y est sensiblement plus grande et j'avais du mal à faire la part de l'épuisement et la part de la nature du terrain.

Quoi qu'il en soit, au contact d'un sol stable, j'ai l'impression d'être sorti de l'épreuve. Or, il n'en est rien. Dans l'Aïr, les chameaux trébuchent sur la moindre pierre, soles à vif. Chaque pas devient une gageure, un effort. Ils sont épuisés. Le chameau de tête dévore de maigres touffes au passage, laissant place nette au second. Celui-ci, à bout, mord à plusieurs reprises les testicules du premier. Cela a au moins le mérite de les stimuler, donc je laisse faire. Et d'ailleurs ils sont castrés. Stimulés, ils ont besoin de l'être. On sent chez eux plus qu'une fatigue physique. C'est également le mental qui décroche, après plus de deux mois de conditions extrêmes. Après le Ténéré oriental, le Borkou tchadien, le Tibesti et encore une fois le Ténéré vers l'ouest.

Ils ne peuvent qu'être atteints par ce va-et-vient anachronique. Eux ne sont motivés que par le pâturage. Que doivent-ils penser de leur maître ? Jamais la moindre rébellion. Ils m'accordent une confiance aveugle. Rien que pour cela, je veux coûte que coûte les sauver. Mes bêtes ont montré un courage extraordinaire. Surtout lors du trajet de retour. J'ai appris à les aimer profondément et à les respecter pour ce qu'elles sont capables d'endurer. Je leur ai confié ma vie et elles ne m'ont pas trahi.

Pour toutes ces raisons, je veux les sauver. Cela fait longtemps que j'effectue toutes mes étapes quotidiennes à pied entièrement. Et chaque fois que j'aperçois une touffe d'acheb, je fais un large détour pour leur permettre de brouter. Comme je n'ai à nouveau pratiquement plus de nourriture pour moi, les chameaux n'ont presque pas de charge à porter, si ce n'est leur propre poids. Malgré cela, ils peuvent s'écrouler à n'importe quel moment pour ne plus se relever. Je les connais. Heureusement que j'ai affaire à des chameaux toubous ; des chameaux touaregs n'auraient certainement pas pu accomplir cette traite.

Les vallées se resserrent. Ce sont de vrais éboulis, parfois des cascades à sec qui barrent les kori et obligent à faire de longs détours sur le flanc des ravins. Que survienne une marche de seulement cinquante centimètres et les bêtes refusent de s'engager. A plusieurs reprises, la petite colonne est stoppée net : le chameau de queue pile subitement et c'est tout le harnachement du premier, selle et sacs, qui se retrouve précipité à terre, retenu par la longe. Le kori Afassas n'en finit pas de tourner en de multiples méandres vers sa source. Encore faut-il repérer les meilleurs passages, fouiller les rochers, revenir en arrière...

Enfin, enfin, arrivée à la cascade de Timia. Contrat rempli pour les chameaux. C'est une année complète de pâturage qui les attend, bien méritée. Je ne leur souhaite pas de retomber sur un autre fou. Mais je suis sûr qu'ils ont aimé : les chameaux aiment trop la liberté. Et ils se bonifient à chaque caravane. L'endurance s'acquiert. J'oublie toutes mes angoisses dans l'eau glacée de la guelta. Et plus prosaïquement, cela fait deux mois que je ne me suis pas lavé, faute d'eau. Depuis N'Guigmi.

6.

*Rebelles touaregs
et Lemriyé*

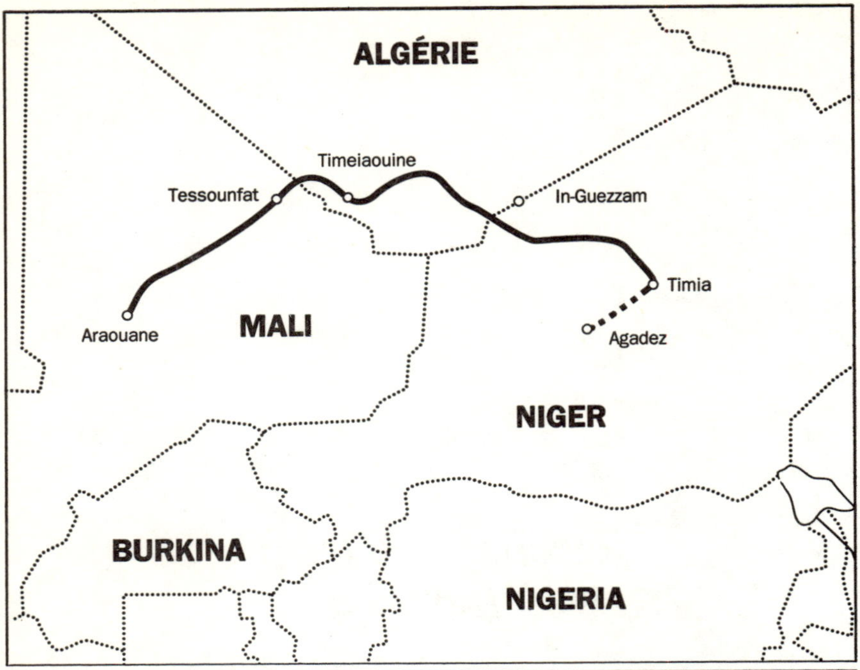
ALGÉRIE
Timeiaouine
Tessounfat
In-Guezzam
Timia
Araouane
MALI
Agadez
NIGER
BURKINA
NIGERIA

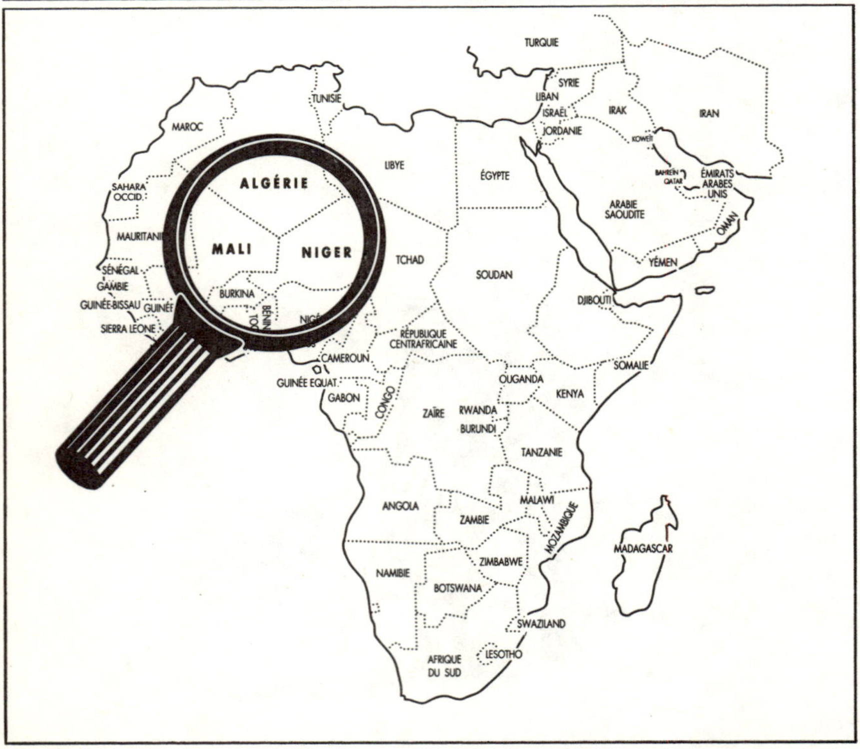
TURQUIE
SYRIE
LIBAN
ISRAËL
JORDANIE
IRAK
IRAN
KOWEÏT
TUNISIE
MAROC
LIBYE
ÉGYPTE
BAHREIN
QATAR
ÉMIRATS ARABES UNIS
SAHARA OCCID.
ALGÉRIE
ARABIE SAOUDITE
OMAN
MALI
NIGER
TCHAD
SOUDAN
YÉMEN
SÉNÉGAL
GAMBIE
BURKINA
DJIBOUTI
GUINÉE-BISSAU
GUINÉE
SIERRA LEONE
RÉPUBLIQUE CENTRAFRICAINE
CAMEROUN
SOMALIE
GUINÉE EQUAT.
OUGANDA
GABON
KENYA
CONGO
ZAÏRE
RWANDA
BURUNDI
TANZANIE
ANGOLA
MALAWI
ZAMBIE
MOZAMBIQUE
MADAGASCAR
ZIMBABWE
NAMIBIE
BOTSWANA
SWAZILAND
AFRIQUE DU SUD
LESOTHO

Marché à chameaux d'Agadez. Fin février. Les bêtes sont chétives, maladives. Les Touaregs d'ici ont pratiquement perdu leurs habitudes de nomadisme. Et cela se ressent sur la qualité des chameaux. Évidemment, s'ils laissent leurs femmes avec quelques chèvres uniquement au campement, situé à une journée seulement d'un centre... Ce qui leur fait déplacer leurs huttes de paille, c'est l'accumulation des déjections animales. Lorsque les mouches deviennent vraiment trop nombreuses.

Après des jours et des jours passés à arpenter le marché d'Agadez, je finis par trouver un chameau simplement correct. Couleur pie blanc et noir, ce que les Touaregs détestent. De plus, il a les yeux bleus : c'est encore pis. Le chameau de selle, je l'avais trouvé tout de suite le premier jour. En approchant pour la première fois, j'ai remarqué un chameau superbe : blanc, avec une bosse haute et ferme, fin, nerveux, musclé. Il venait à ma rencontre, entravé mais tentant de fuir le marché, et il entraînait tous les autres à sa suite par sa force et son charisme. Je l'ai payé dans la minute.

Il reste à convoyer les bêtes sur Timia, dans l'Aïr. Puisque je suis arrivé sur Timia, je repartirai de Timia. Après quelques recherches, je finis par découvrir un Touareg assez âgé, venu au marché de chameaux vendre une ou deux bêtes poussives. Il est vêtu d'une gellabieh blanche devenue grise, d'un chèche effrangé de la même couleur et des éternelles « imarkaden » (sandales) en peau de zébu. Il s'appelle Sidi Mohamed, de la tribu des Marho Tchirozérine, et il habite Tchirozérine. Le Tchirozérine des monts Takalakouzet, car il y en a deux dans l'Aïr. Il doit donc passer par Timia et convoyer mes deux bêtes l'arrange grandement : il évite de faire le voyage à pied. Un de ses amis se joindra à lui pour le voyage... puisque les Touaregs ont si peur de voyager seuls. Je lui adjoins toutefois une prime pour le motiver et nous nous entendons : combien de jours pour se rendre sur place ? Cinq jours. C'est bien, c'est normal. Il y sera, c'est sûr ? Il y sera. Bien.

Reste à m'y rendre moi-même. Comme il n'y a d'autre trafic que le trafic touristique pour y parvenir, je m'adresse à une des agences locales. Je me fais l'effet d'un clochard en guenilles commandant un verre d'eau à la terrasse du Carlton. On me fixe pratiquement le prix de cinq chameaux pour faire le trajet qui dure quelques heures. Je suis un nomade et les nomades n'intéressent pas les businessmen. Le même certainement qui parle d'hospitalité du désert et des seigneurs du Ténéré aux touristes ébahis. Le « rezzou » est devenu inutile. Je me précipite à nouveau vers le marché. Malheureusement, Sidi Mohamed et mes bêtes sont déjà partis. Je m'en veux cruellement d'avoir une fois de plus compté sur autrui. Grave erreur.

Et ce n'est pas tout. Une semaine plus tard, après avoir dû louer un camion pour être à Timia, les chameaux ne sont toujours pas arrivés. Huit, dix, douze, quinze jours finalement seront nécessaires pour que ce « fils du désert » m'amène mes bêtes. Et dans quel état. J'enrage, car chaque journée est à présent comptée. Le compte à rebours contre l'été est enclenché. Il faut absolument parvenir à la mer avant les trop fortes chaleurs. Déjà maintenant, je suis pessimiste et je m'attends à des conditions horribles en Mauritanie. Littéralement en fureur, j'inspecte mes bêtes que le Sidi a pris la précaution de me faire amener par quelqu'un que je ne connais pas. Il a dû certainement visiter tous les campements de l'Aïr et déclarer à tous que les bêtes lui appartenaient, ou un plan de cet ordre. Oh ! non, ce n'est pas possible ! Le chameau blanc, monture superbe, a l'avant de la bosse blessé par le bois de la selle. Il a été mal sellé. La marque lui restera à vie, à présent. Si la plaie se referme, ce qui est loin d'être évident avec la selle qui appuie sans cesse. Si je le tenais, je ne sais ce que je lui ferais. Défigurer un si bel animal, alors que moi, j'ai toujours pris le plus grand soin de mes bêtes, malgré des conditions abominables. Voyons l'autre. Ce n'est pas vrai : il a une narine à moitié arrachée et l'anneau de nez pend misérablement. De plus, il est d'une maigreur effrayante. Il ne pourra plus faire l'Algérie. Il faut le changer au plus vite. Voilà le résultat d'une erreur. Celle de compter sur quelqu'un sous prétexte de vouloir gagner du temps. J'en veux énormément à moi-même et à cet « éleveur ». Qu'il retourne à ses chèvres et à son Sahel.

Consolation : Sylvie, ma fiancée métisse de toujours, est venue me rejoindre à Timia. Elle montre une patience d'ange pour me réacclimater à la tendresse et à la douceur. Ce sont des valeurs que j'ai totalement perdues au fil des mois à cheminer dans les vents de sable brûlants. Je suis devenu égoïste. Mais égoïste par nécessité, par souci de ne se préoccuper que de soi pour survivre. Ne parlons pas de confiance. C'est quelque chose qui m'est étranger. Et pourtant je sens que, cette fois-ci, je me trompe. J'ai tellement pris l'habitude de ne compter que sur ma propre volonté au point d'ignorer toutes les souffrances physiques ou morales.

J'avoue que ce qui m'a le plus blessé, bien plus que le Sahara inhumain, c'est l'attitude des hommes. Chaque fois que je subis une désillusion avec un nomade, je suis profondément triste et peiné. J'en reste marqué dans ma chair. Certainement suis-je trop sensible (mon père me le faisait encore remarquer à Fachi); mais comment ne pas être blessé lorsque vous devez vivre comme un animal traqué, perpétuellement clandestin, et où les rares personnes rencontrées ne pensent alors qu'à vous soutirer médicaments, thé ou sucre ? Quand donc comprendront-ils que j'en ai « toujours » moins qu'eux ? Pour eux, c'est véritablement inimaginable de la part d'un Blanc. Encore à Bilma, j'ai fini avec une poignée de dattes.

Je rêve d'un monde où sédentaires et nomades – et je me place dans le camp des nomades – pourraient vivre de leurs différences. La spécificité de chacun n'est-elle donc pas une richesse ? Qu'on laisse au placard le concept de hiérarchie sociale ou clanique et qu'on aborde enfin celui de bien-être économique en Afrique. Avec l'explosion démographique de ces pays, on manque de viande et de lait. Les nomades produisent lait et viande. Qu'on développe tout cela. Ou simplement qu'on laisse faire, qu'on supprime interdits et barrières douanières. J'aurais vraiment envie d'aider ces peuples, ce continent, de montrer l'exemple en nomadisant avec mon troupeau de chameaux, de le faire fructifier et bonifier afin d'obtenir les meilleures bêtes...

Je rêve, simplement. Je rêve d'une vie de nomadisme avec elle. De ce que pourrait être un bonheur avec quelques très beaux chameaux et une femme douce dans des paysages fabuleux. A vivre libre.

« Salam, tu n'as pas médicament pour la tête ? »

Du haut de mon chameau, je tourne la tête vers celui qui m'interpelle dans cette vallée de l'Aïr : beau boubou blanc, chèche immaculé. Il est sorti de cette « zériba » (hutte) qu'on aperçoit là et m'a coursé pitoyablement sur deux cents mètres.

« Ou du sucre ? »

Sans une expression sur le visage, j'imprime légèrement mon talon dans le cou de ma monture et j'émets un claquement de langue. La bête détale aussitôt, emmenant à sa suite le chameau pie, plantant là le Touareg médusé. Sorti de l'Aïr, je sais qu'il n'y aura pratiquement plus personne. Aucun nomade ne nomadise plus dans le Tim Meghsoï.

Je pensais être à l'abri des hommes, en sécurité au Niger. Erreur. Les rebelles touaregs sont entrés à leur tour en révolte et ont attaqué le poste-frontière d'Assamaka, tuant deux personnes à la grenade, trois jours plus tôt. Riposte des militaires : un mort, un vendeur de kola qui passait par là, son plateau sur la tête. La semaine dernière, un technicien occidental a été massacré à In Abangharit. D'après un ami présent, les événements se sont déroulés ainsi : deux voitures, soit une dizaine de personnes, se sont arrêtées devant chez lui (un pilote d'hélicoptère de la lutte antiacridienne). Un ordre bref. Les clés de sa voiture (4 × 4), qu'ils étaient venus piller. Refus. Nouvelle intimation. Nouveau refus. Le rebelle lui a alors tiré une balle en pleine tête avant de prendre les clés dans la poche du mort. Puis ils ont défoncé le tableau de bord de l'hélicoptère garé devant la case pour finalement prendre la fuite. Tout cela dans la zone où je devais passer. Un peu plus à l'est, près d'Adrar Bous, ce sont des trafiquants qui se sont fait voler leurs voitures par des rebelles. Amusant. Ils ne sont pratiquement pas intéressés par les chameaux. Le rêve moyen de tout Touareg est devenu la Toyota. Et comme ils n'ont pas d'argent pour l'acheter...

Même si les « rebelles » d'ici me paraissent potentiellement moins dangereux que ceux que j'ai pu connaître précédemment, ils n'en sont pas moins armés et mobiles. Et c'est toujours le même problème : on peut tomber sur un imbécile analphabète et excité. On peut les comprendre d'une certaine façon si des campements ont subi des exactions de l'armée ou si une région entière a été déshéritée et acculée à la famine. Comme au Mali, par exemple. Mais leur dernière revendication ? Des granulés pour bétail pour éviter de nomadiser.

En fait, il est évident que la société touarègue est en crise. Comme le décrivait un universitaire malien, on peut la comparer à une tente soutenue par quatre piquets : un peu de trafic caravanier, un peu de rezzou, quelques esclaves pour garder les troupeaux et les revenus des jardins et des dattiers. Otez un des montants et tout l'édifice s'effondre. Ce qu'on dit peu, c'est que cette société est incroyablement hiérarchisée. Si on ne fait qu'observer, on ne verra – pratiquement – que peu de vrais Touaregs ni dans les jardins (sauf actuellement : ils y sont vraiment obligés), ni à garder les bêtes, ni à cheminer sur les pistes caravanières. Tous travaux échus normalement aux vassaux et aux captifs. D'autres ethnies nomades dont on parle par contre beaucoup moins sont, elles, tout à fait en harmonie avec leur milieu. Ne citons que les Reguibats, les Kebabish ou les Maures...

On accuse la désertification. Bien. Il est évident qu'il y

aura désertification si les éleveurs ne sont pas mobiles et si le bétail a mangé tout ce qu'il y a à manger quelque part. Alors le bétail meurt et l'éleveur, puisqu'il vit de son troupeau, meurt. Logique. L'écosystème saharien ou sahélien ne tolère pas le moindre partage. Il faut en respecter les règles. Auparavant, les captifs gardaient les bêtes et les maîtres pouvaient s'installer où bon leur semblait sur leur terrain de parcours. A présent, il faut simplement nomadiser. De plus, les « rezzous » ou pillages de bétail ont disparu, ce qui assure une certaine tranquillité de voisinage. Dans le désert, ponctuellement, il y a « toujours » quelque chose à pâturer, hormis dans les régions très arides. Évidemment, tous les agriculteurs du monde, ainsi que tous les éleveurs, se plaignent constamment des conjonctures difficiles. Sans parler des bonnes années. L'année précédente était bonne, celle-ci beaucoup moins. C'est la vie. Une conséquence : il faut bouger plus.

Je me vois assez mal faire cet exposé didactique à un gamin excité et armé, désireux avant tout de voler mon chameau blanc, à défaut d'un véhicule qu'il préfère assurément. C'est pourquoi je décide de faire une large boucle par l'extrême sud de l'Algérie pour éviter tous les campements éventuels. Bien sûr, le désert est total par là-bas, d'une aridité extrême, mais j'ai toujours opté dans ce sens depuis le début. Je piquerai donc directement sur l'Algérie par le Tim Meghsoï en évitant les postes-frontières et je circulerai dans les reliefs : Tassili du Hoggar, Tassili de Tin Rehro et le nord de l'Adrar des Iforas... jusqu'à Timéiaouine, petit poste militaire algérien. De là, je rejoindrai le puits d'Araouane au Mali en passant par le Lemriyé, désert aride s'il en est – *lemriyé* signifie « miroir » en arabe. Après, la Mauritanie, la mer...

Dans le Tim Meghsoï nigérien – la portion de territoire qui touche le Sud algérien –, la chaleur est torride en ce début mars. L'eau des outres est brûlante et l'appareillage électronique de repérage, garanti jusqu'à 55 °C, ne fonctionne plus à cause de la chaleur. La température au sol doit dépasser les 75 °C au soleil. De toute manière, avec l'habitude et une sorte d'instinct de l'orientation qui commence à naître, après six mois passés à tracer des caps, je peux me passer d'appareillage sophistiqué.

Avec une prudence tout animale, j'ai soigneusement évité toutes les rencontres possibles et je marche, plein nord, vers le Tassili du Hoggar. Un vent de face absorbe un peu mon attention dans cette plaine stérile immense qui marque la frontière entre les deux pays. Et je ne remarque pas la voiture qui vient derrière moi et stoppe à mes côtés. A l'intérieur, quatre Arabes et un guide touareg. Sueurs. Je m'approche de la portière. Ils sont aussi surpris que moi : de dos avec le chèche, ils ne croyaient pas avoir à faire à un Blanc et il n'y a pas de nomades par ici. Sur la portière, le sigle ONAT. Ouf! Ce sont des Algériens et non des rebelles.

« Euh, on est un peu égarés!
— Ah? Pas de problème, mais ici vous êtes au Niger. Il y a une piste cinquante kilomètres au nord. Tu prends derrière la crête et... »

J'adore indiquer sa route à un guide touareg. Remerciements et ils disparaissent.

Mon chameau blanc est une merveille. Il ne marche pas, il trotte. Par plaisir, parce que je ne le sollicite pas. Il faut dire que les chameaux touaregs sont beaucoup utilisés en apparat ou pour la course. Le sport national est l'« ilougan », sorte de carrousel où s'affrontent les meilleurs chameliers. Lorsque je marche, il approche très souvent son museau et me pousse dans le dos en avant. Je ne sais exactement si c'est pour me faire avancer plus vite ou pour se gratter les naseaux. Peut-être les deux. En tout cas, je n'ai jamais eu une telle connivence avec un animal. Aucune crainte ni de sa part ni de la mienne. L'autre est un peu hargneux. Il tente parfois de mordre. Mais je sais qu'avec la fatigue il se calmera au fil des étapes. Avec mon chameau de selle, rien de tout cela. Souvent, au repos, il approche sa tête de mon épaule ou de ma joue et me caresse de ses poils de babine drus. Je ne réclame rien, et d'ailleurs trop de douceur nuit dans l'efficacité des rapports entre l'homme et l'animal. Parfois un peu de rudesse peut s'imposer, mais si elle n'est pas nécessaire... Une précaution toutefois : il me laisse à peine le temps de m'installer sur ma selle touarègue et détale immédiatement. A peine une demi-seconde. Mieux vaut le savoir.

Les paysages du Tassili du Hoggar qui s'offrent à moi sont d'une beauté époustouflante : des colonnes de grès en équilibre instable, portes monumentales pour mes chameaux, sont dressées dans des cuvettes tapissées de sable vierge, ridé en vaguelettes régulières par le vent. Le plateau est découpé, ciselé par les eaux et l'érosion éolienne. La plupart des passages ne sont accessibles qu'en chameau, et qui donc viendrait ici ? Ce décor est une féerie qui se prolonge encore par le plateau du Tassili de Tin Rehro dont la proue émerge d'un océan de dunes. Plus prosaïquement, tous les puits sont comblés. Je m'aperçois que la carte entière de la zone est fausse et décalée de quinze kilomètres. C'était déjà le cas pour une carte de l'Aïr, au Niger. Le piège, si l'on est trop confiant.

Je finis par découvrir un petit puits à In Tefouk, à l'extrême pointe du plateau. Là, je rencontre un Touareg du nom d'Akassa et son fils, aussi prudents que moi. Leurs chameaux sont dissimulés dans un ravin – mais j'avais remarqué les traces depuis longtemps – et nous discutons des circuits de patrouille, des points d'eau... J'adore le Sud algérien, le pays, les gens.

Akassa est de taille moyenne et de teint clair. Le bas de son visage n'est pas masqué par le voile traditionnel des Touaregs. Ce qui le fait plus ressembler à un Arabe qu'à autre chose. Durant la demi-journée que je passerai à In Tefouk, mise à profit uniquement pour laisser paître les chameaux, jamais il ne m'aura demandé quoi que ce soit pour lui. Au contraire, à mon arrivée, lui et son fils se saisissent de leur « délou » – seau en cuir pour puiser – et puisent à satiété pour abreuver mes bêtes, malgré mes protestations. En effet, je préfère abreuver mes bêtes moi-même pour bien leur montrer que, si d'une part je leur demande beaucoup, d'autre part je sais où je vais et je sais le leur rendre. C'est un peu comme un jeune chien que vous devez absolument nourrir de votre main.

J'installe aussitôt ma couverture sous un maigre acacia

épineux dispensant une ombre éphémère à quelques centaines de mètres du bivouac de mes hôtes, dans une vallée resserrée à l'abri des regards, car l'eau du puits peut attirer trafiquants, rebelles ou armée régulière. A quelques mètres, une charogne de chameau mort atteste d'un certain passage.

Je ne peux quitter mon chameau blanc des yeux, car la plaie vive qui lui avait été faite dans l'Aïr par son convoyeur attire immanquablement les corbeaux. A force de soins et de précautions, la plaie commence à se refermer, mais l'un ou l'autre volatile peut survenir, se poser sur la bosse et piquer la plaie incomplètement cicatrisée avec son bec pour détacher des lambeaux de chair et raviver la blessure. C'est le cas, d'ailleurs. Et, après m'être précipité l'une ou l'autre fois en poussant de grands cris pour faire fuir les charognards, je décide de protéger son dos au moyen d'une couverture sanglée au bon endroit.

Ces haltes forcées de quelques heures, très occasionnelles, uniquement lorsque je pense que le pâturage très maigre des jours précédents justifie de requinquer les bêtes, me redonnent chaque fois furieusement envie de reprendre la route le plus vite possible. Lorsque je ne cours pas les étendues vierges, d'abord je m'ennuie. Et ensuite je sens comme un état de manque. Même si pendant les journées de marche je ne rêve que d'une chose : un peu de repos. Insatisfait perpétuel. En temps normal, le type sûrement très dur à vivre. Le reste de la journée s'écoule ainsi, après l'une ou l'autre visite d'Akassa, à réadapter mes yeux à scruter les objets rapprochés : une fourmi qui serpente parmi des grains grossiers de gravier, un « moula-moula » (traquet à tête blanche) perché sur le montant de ma selle abandonnée à un mètre de moi, pas farouche le moins du monde... un solifuge inoffensif, immense araignée jaunâtre et extrêmement rapide, cherchant à se dissimuler sous la couverture qui délimite mon espace vital... les épines d'acacia acérées qu'il faut soigneusement éviter de piétiner pieds nus... Tout retient le regard et l'attention. Sensibilité constamment en éveil. Émerveillement. Plaisir.

Le lendemain, en circulant entre les cheminées des fées, je remarquerai d'innombrables gravures rupestres. Toute une fresque de la vie néolithique. Des milliers et des milliers de gravures, représentant des scènes de chasse, tout le bestiaire de l'époque : girafes, lions, zébus... Sur chaque pierre, sur chaque surface, abandonnées au souffle du désert. Le décor est très étrange et très beau, noyé dans une brume laiteuse. A certains moments, les chameaux doivent cheminer entre des pans de roche qui se resserrent vers le haut, de vrais tunnels parfois où ils trottent – passagers voûtés – pour en ressortir plus vite.

C'est là que les anciens chasseurs ou pasteurs devaient s'abriter et trouver un gîte. Ou bien rabattre des animaux pistés et forcés. Chaque pierre, chaque roche a un sens, une âme. On s'attend presque à voir surgir au détour d'un rocher immense un chasseur nu, brun et élancé, équipé de sa lance, tel un de ceux qui apparaissent sur les gravures rupestres. Derrière certains abris exceptionnels, n'y aurait-il pas un feu entretenu par ces hommes qui ne connaissaient pas l'étincelle, comme c'est le cas pratiquement encore de certains nomades qui entretiennent constamment leur feu pour éviter de le rallumer avec un silex frotté contre un objet métallique ?

On « sent » une présence. Elle est palpable. Ici, trois pierres qui marquent l'emplacement d'un foyer. Là, encore des gravures. Sur des kilomètres. Mais les troupeaux de girafes, les lions, les léopards ont disparu. Le désert progressivement s'est installé, conservant par son aridité et sa rudesse d'accès les moindres signes laissés par les humains au cours des millénaires.

Par superstition et par précaution, je tairai les noms de ces lieux magiques. Aucune envie que ces parages se transforment en lieux de promenade en âne ou en champs de détritus, comme ce peut être le cas ailleurs. Avec des charters et des Toyota, on peut faire des miracles...

De gréseux, le relief devient métamorphique. La roche passe de l'ocre au noir : c'est l'Adrar des Iforas qui débute, marquant la frontière cette fois entre l'Algérie et le Mali. Ce sont de profondes vallées qui s'épanchent du sud au nord et qu'il faut constamment traverser pour escalader de nouvelles pentes d'éboulis sombres.

REBELLES TOUAREGS ET LEMRIYÉ

Les chameaux sont très peu habitués à ce type de terrain. Ce sont des chameaux de sable, mal à l'aise dans les rochers. Aussi faut-il le maximum de précautions pour aborder les raidillons abrupts. Un moment même, le chameau blanc renâcle et refuse, mal à l'aise. Je me précipite pour détacher la bride du deuxième pendant que les pattes arrière dérapent et décrochent dans le vide. Juste à temps pour voir la bête dévaler plusieurs mètres d'éboulis sur le flanc et s'immobiliser au fond du ravin. Je me précipite le cœur dans la gorge pour voir le chameau se relever, indemne. Si l'autre avait dévalé à la suite, c'était la fracture assurée... et sa fin. Ce n'est plus le chameau pie, c'est un chameau blanc que j'ai acheté une fortune dans le Talak, à la sortie de l'Aïr.

Un soir, peu avant la tombée de la nuit, je décide de camper dans une vallée herbeuse. Affaires à peine étalées et bêtes à quelques mètres en train de brouter, je remarque à peu de distance un petit bivouac. Ils s'approchent : un homme et son fils, Maliens de la tribu des Kel Iforas. Peu de mots. Leur histoire se lit aisément sur leur aspect. Le fils, un gamin, a le nez cassé par un coup de crosse. Le père est vêtu d'une parka militaire encore tachée de sang. C'est simple : répression militaire aveugle dans un campement malien, l'enfant qui protège sa mère, abattue, le père qui se venge, les chameaux perdus, l'errance... Le lendemain, un autre petit campement. Une vieille femme, quelques chèvres, un homme d'une vingtaine d'années, son fils, tête nue sans chèche. Il parle mieux l'arabe que le tamahaq, ayant passé des années dans la légion islamique libyenne, à présent dissoute. Il est blessé à la main et me demande des médicaments que je n'ai pas. L'habitude de se battre...

Quelques étapes de montagne se succèdent encore jusqu'au jour où je débouche sur un grand oued orienté cette fois vers l'ouest, l'oued In Jezzal. L'Adrar des Iforas commence à perdre du relief. Je devrais, en suivant l'oued, arriver à Timéiaouine dans la journée. Nous sommes le 26 mars et je sais que je peux profiter des derniers contreforts montagneux, car la suite risque d'être uniformément plate jusqu'en Mauritanie. A midi, après une courte halte que j'ai mise à profit pour changer de saroual (pour arriver à peu près propre), je pénètre dans le petit poste de Timéiaouine.

Je suis assez anxieux de l'accueil qui me sera réservé : le dernier tampon sur mon passeport date de mon expulsion du Tchad. Et que de kilomètres parcourus et de frontières traversées anarchiquement! Mais les autorités s'avèrent très aimables. C'est la période du ramadan et ce sont tous de fervents adeptes du FIS (Front islamique de salut). La vue de ce « nomade blanc » leur rappelle les temps où tous les Arabes du Maghreb étaient encore des Bédouins saoudiens ou moyen-orientaux, des siècles plus tôt. Des temps où la vie était peut-être plus dure, mais les choses plus simples.

Durant les deux jours que je mets à profit pour faire recoudre mes vêtements élimés et racheter des provisions à l'une ou l'autre échoppe, je jeûnerai comme eux par respect, et parce que c'est le rythme quotidien habituel que j'ai adopté au fil des mois : un repas par jour, le soir. La nuit tombée, dîner commun à la douane. Quelques Arabes viennent discuter après le repas.

« Qu'est-ce que tu fais?
— Ah, moi, je suis trafiquant... »

Devant les douaniers, évidemment, souriant de bon cœur. Jeu du chat et de la souris dans un désert immense où ce seront toujours les premiers qui auront l'avantage. Ce sont pour la plupart des camionneurs chaamba de Touggourt, d'Aoulef ou de Reggane... On m'informe toutefois que j'aurai à sortir d'Algérie par le poste-frontière de Bordj Moktar. Je regarde Boualem, le douanier, d'un air interloqué.

« Bordj Moktar?... Ah! bon, si tu veux! »

Celui-ci me regarde curieusement par en dessous. Il a depuis longtemps compris à quel personnage il avait affaire. Aussi ajoute-t-il en souriant :

« Je te préviens. Je ne dormirai pas tant que tu n'auras pas passé par Bordj Moktar. »

Je lui rétorque qu'il ne devrait pas s'abîmer la santé et qu'il ne m'aura de toute façon jamais.

REBELLES TOUAREGS ET LEMRIYÉ

Le lendemain matin, en partant, je me faufile entre les gros blocs rocheux masquant les abords du poste de Timéiaouine avec mes deux chameaux. En deux kilomètres, le problème est réglé : poursuite impossible. D'ailleurs, je commence à m'avouer à moi-même que cela devient du vice.

Vingt-quatre heures plus tard, je suis au Mali. Le paysage, comme prévu, se fait uniformément plat, sableux avec quelques crêtes. Je suis en bordure sud du Tanezrouft. Un désert presque plus aride que le Ténéré, qui va lentement se fondre dans le Lemriyé. D'une platitude platement plate. Il faut encore faire le plein au puits de Tessounfat, le plus septentrional, avant de s'engager totalement.

Au matin où je dois l'aborder, en chargeant les bêtes pieds nus, un scorpion se faufile entre mes jambes. Il fait encore pratiquement nuit, car je me lève bien avant l'aube et on a du mal à distinguer leur corps translucide. Ils ont pris la mauvaise habitude de se nicher sous les outres pour profiter de la chaleur de l'eau retenue pendant la nuit. C'est la troisième fois que cela arrive. La toute première nuit en Égypte, un scorpion noir m'était grimpé sur le bras. J'avais réussi à le chasser, mais n'avais pu l'écraser. Scorpion noir, nuit blanche...

Pendant tout le Lemriyé, je n'aurai qu'un but : sauver mon chameau de bât. En effet, depuis le premier jour au Mali, je constate qu'il boite terriblement. Je lui replie l'antérieur pour regarder : il a encore une bonne corne peu usée, mais celle-ci est littéralement fendue en deux par la sécheresse. Et des cailloux viennent se loger dans la fente jusqu'au sang. Cailloux qu'il faut racler au couteau. J'essaie tout pour le protéger. Je sacrifie une peau de chèvre pour bander son pied. Cela tient un jour, deux jours, puis le cuir est à changer, troué...

En voulant vérifier une fois de plus sa sole, je veux lui replier son jarret vers le haut. Il bloque son genou. Je tire plus violemment. Subitement, il replie nerveusement son articulation, m'envoyant voler en l'air dans une magnifique pirouette. Je retombe sur le dos entre ses pattes. Et cet idiot qui

131

s'affole et tente de fuir en piaffant, les sabots à quelques centimètres de mon visage. En rampant, les reins en compote, je lui saisis sa longe. Que vont-ils encore trouver ?

Au Niger, déjà, l'autre m'avait envoyé un coup de genou (qui est recouvert de cuir) au visage : pommette éclatée. Ces jours de Lemriyé vont ainsi se succéder, le sol devenant de plus en plus sableux, de plus en plus plat. Quelques dunes apparaissent et je constate que, si mes chameaux n'aiment pas le roc, ils n'aiment pas non plus le sable. Au point de se retrouver l'une ou l'autre fois en position critique dans une descente de dune : un chameau bloqué sur trois pattes en haut d'une dune et l'autre retenu plus bas.

Les dunes d'ici sont beaucoup moins vertigineuses que dans l'erg de Bilma, à la sortie du Tchad. Là-bas, c'était pratiquement une montagne de sable, avec ses pics, ses cols, ses couloirs vertigineux. Ici, ce sont de toutes petites dunes enchevêtrées et molles, orientées est-ouest. Faire franchir ces obstacles mouvants aux chameaux n'est pas toujours facile. Il faut parfois défaire le mousqueton qui retient la bride du chameau de bagages et leur faire descendre une pente l'un après l'autre. Depuis quelques jours, la chaleur a fait son apparition, brusquement... Tout devient plus dur, plus pénible, indistinctement : les gestes, les longues heures passées en selle, la marche. Malgré tout, je ne peux pratiquement jamais rester plus de deux heures en selle. J'ai le sentiment de trop en demander à l'animal. Être là et se déplacer est déjà énorme. A partir d'une certaine limite, je suis tendu, j'ai la gorge qui se serre. J'ai des scrupules et j'ai peur d'être trop exigeant. Même si la plupart des nomades ont toujours l'arrière-train vissé sur leur selle et ne marchent jamais. Mais moi, je demande à mes bêtes ce que nul n'en a jamais demandé.

De toute manière, la journée répond à un rythme immuable et quasi strict. Le matin commence toujours par deux heures de marche suivies d'une heure de chameau pour couper, puis à nouveau une heure de marche, etc. Je pourrais, bien sûr, faire absolument ce que je veux. Mais je m'impose un certain « timing » qui, d'abord, m'oblige à marcher, et ensuite rythme la journée qui s'écoule. Je sais que les heures les plus agréables seront comme toujours les deux premières. Que la dernière heure de marche sera la plus dure. Que j'aurai envie de l'écourter, de bivouaquer plus tôt. Je me force à regarder ma montre, à compter les minutes, à repérer quelques touffes d'« acheb ». A essayer d'évaluer le quart d'heure pour y parvenir. Que l'arrivée coïncide avec le moment fatidique du disque rougeoyant touchant l'horizon.

A présent, c'est le milieu de journée qui devient le plus difficile. La sueur me coule sur le front durant les heures les plus chaudes. Chaque pouce de peau doit être recouvert du voile. L'heure la plus chaude, je la passe à défier le désert. J'accroche à la selle mon voile et ma tunique et je circule torse nu et tête nue à l'heure la plus chaude. Les rayons et le souffle sec effacent toute marque de transpiration. J'ai besoin de sentir la brûlure directement sur ma peau plutôt que d'avoir chaud sous le tissu. Et je me sens incroyablement bien malgré cette morsure. Je sais qu'avec l'été qui approche ce ne sera plus possible. Les rares humains seront réduits au rang d'insectes, comme les papillons de nuit ou les moustiques qui attendent l'obscurité pour prendre leur essor. Tout sera brûlé, calciné par le foyer cosmique, et hommes et animaux seront abrités à l'ombre rare des arbrisseaux, chaque traite au soleil entre deux points représentant une souffrance, une gageure. Chaque parcelle d'énergie devra être économisée. Chaque goutte d'eau sera précieuse. Et le mental, devant ces éléments, tiendra-t-il ? S'il décroche, sous n'importe quel prétexte, on peut s'écrouler là, tout simplement parce qu'on en a assez, derrière une dune ou à plat ventre contre un sol caillouteux moins chaud, moins sableux, à se laisser imprégner par la tiédeur du sol... simplement à subir la pesanteur qui veut que, sans effort, le corps se laisse tomber à terre, et après l'effort est double pour se relever... J'ai toujours repoussé cette idée avec une sorte de frénésie, d'horreur. C'est cette volonté qui me maintient. Et les chameaux, j'en suis sûr à présent, fonctionnent également ainsi. Avec l'avantage qu'ils ont d'être morphologiquement adaptés au désert. Mais, avec l'été, qui peut dire... ?

Ce douzième jour du départ de Timéiaouine, je cherche le puits d'El-Mraïti, le deuxième puits malien après Tessounfat. Après quelques recherches dans le vent de sable – qui est souvent un vent de poussière au Mali, réduisant considérablement la visibilité –, je finis par découvrir à peu de distance des centaines de chameaux sur une butte, allant et venant comme sur une fourmilière, en colonnes ou baraqués par petits groupes. Spectacle étonnant que peu de traces laissaient prévoir. Sitôt le troupeau abreuvé, le propriétaire repart avec ses bêtes. Ce sont d'autres nomades qui appartiennent à un autre monde. Plus de Touaregs, mais des Reguibats et des Kounta. Quelques Berabich, mais ils sont théoriquement plus au sud. D'El-Mraïti, encore un petit effort, et j'arriverai à Araouane. Deux jours et demi, normalement, et les chameaux seront sauvés, surtout le chameau de bât.

Je rencontre, peu après le puits, un troupeau de chameaux mené par des Reguibats. Les deux bergers trottent de dune en dune, regroupant constamment les bêtes. Ce sont de super-nomades. Ils sont aidés par un petit fennec – petit renard des sables – apprivoisé. Il trottine de part et d'autre des bêtes les plus rétives, les ramenant sans arrêt vers le gros du troupeau. Surprenant de voir ce petit animal diriger des bêtes vingt fois plus grosses. Ces Reguibats sont ici aujourd'hui. Le mois prochain, ils seront peut-être au Hank ou au Sahara occidental, à deux mille kilomètres d'ici. Ce sont certainement encore les derniers authentiques grands nomades. Aucun problème avec eux : ce sont eux qui m'offrent du tabac à fumer dans une minuscule pipe. Ils sont heureux et n'ont apparemment aucun besoin.

Le 10 avril, très tôt le matin, j'arrive au poste d'Araouane, seul centre habité du Mali situé sur ma route. Habité est un bien grand mot. Pas d'autorité, une dizaine de familles sédentaires dans des masures en banco, un vieux fort français désaffecté... Seulement, Araouane est sur la route des caravanes de sel entre Tombouctou et les mines de Taoudeni. Toutes les

Mohamed Sheikh,
chef des Kounta
de l'Irrigui.

Fatimata,
la belle Targuia de Bilma.

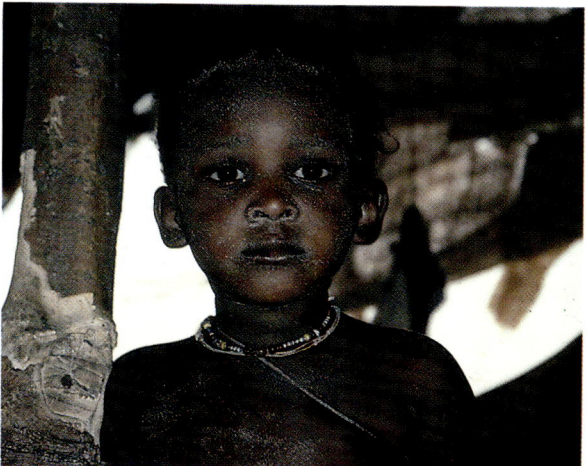

Enfant nomade.

Le désert offre
de nombreuses facettes :
sable ridé
en de multiples vaguelettes…,
piton isolé
au Tassili de Tin Rehro…,
meule néolithique
abandonnée dans l'Ash Shimaliya.

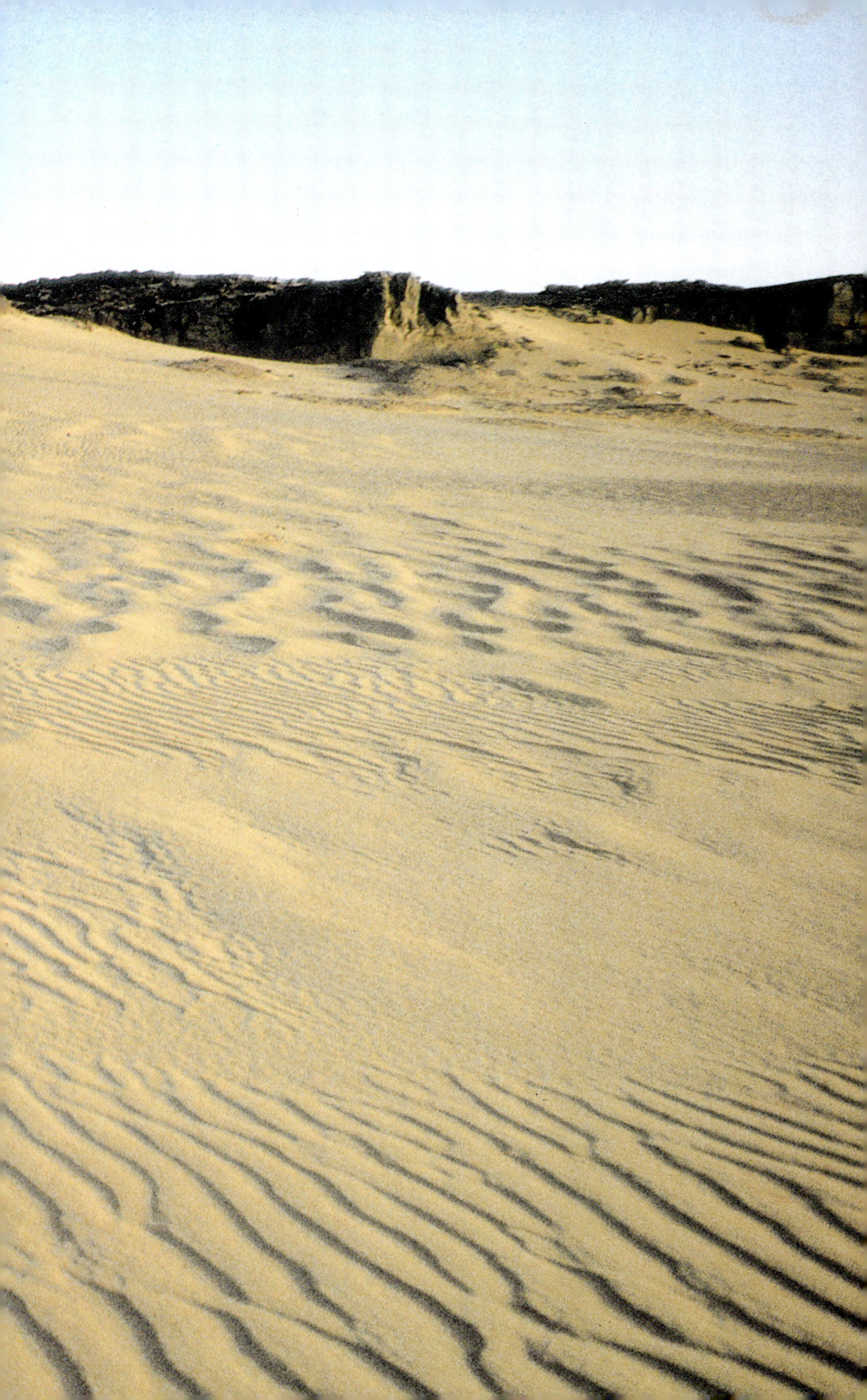

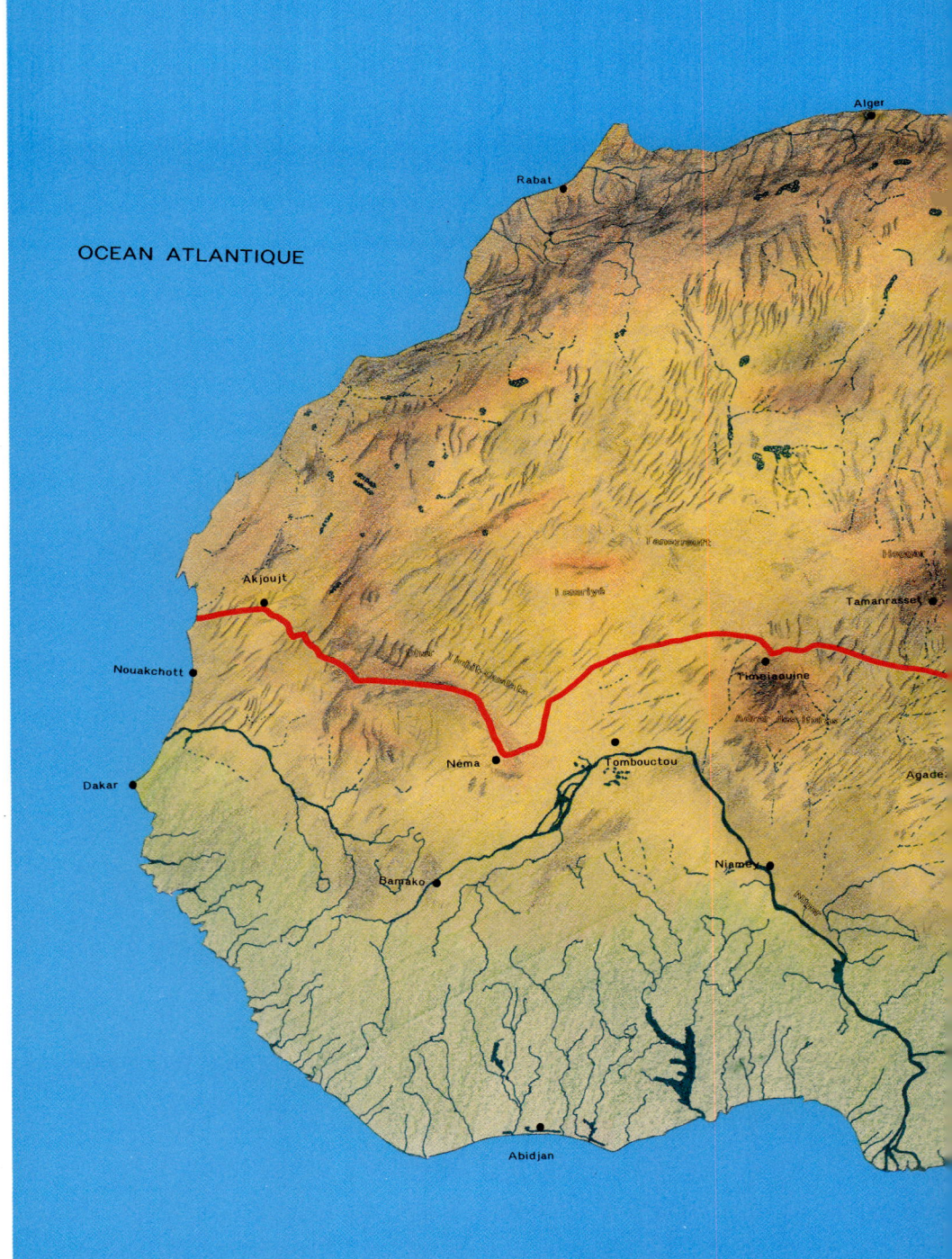

Carte du Sahara avec les principales étapes de la traversée.

MER MEDITERRANEE
Tunis
Tripoli
Le Caire
MER ROUGE
Kufra
Assouan
Abu Simbel
Ténéré
Faya
Bao
Khartoum
uigmi
Lac Tchad
Djamena

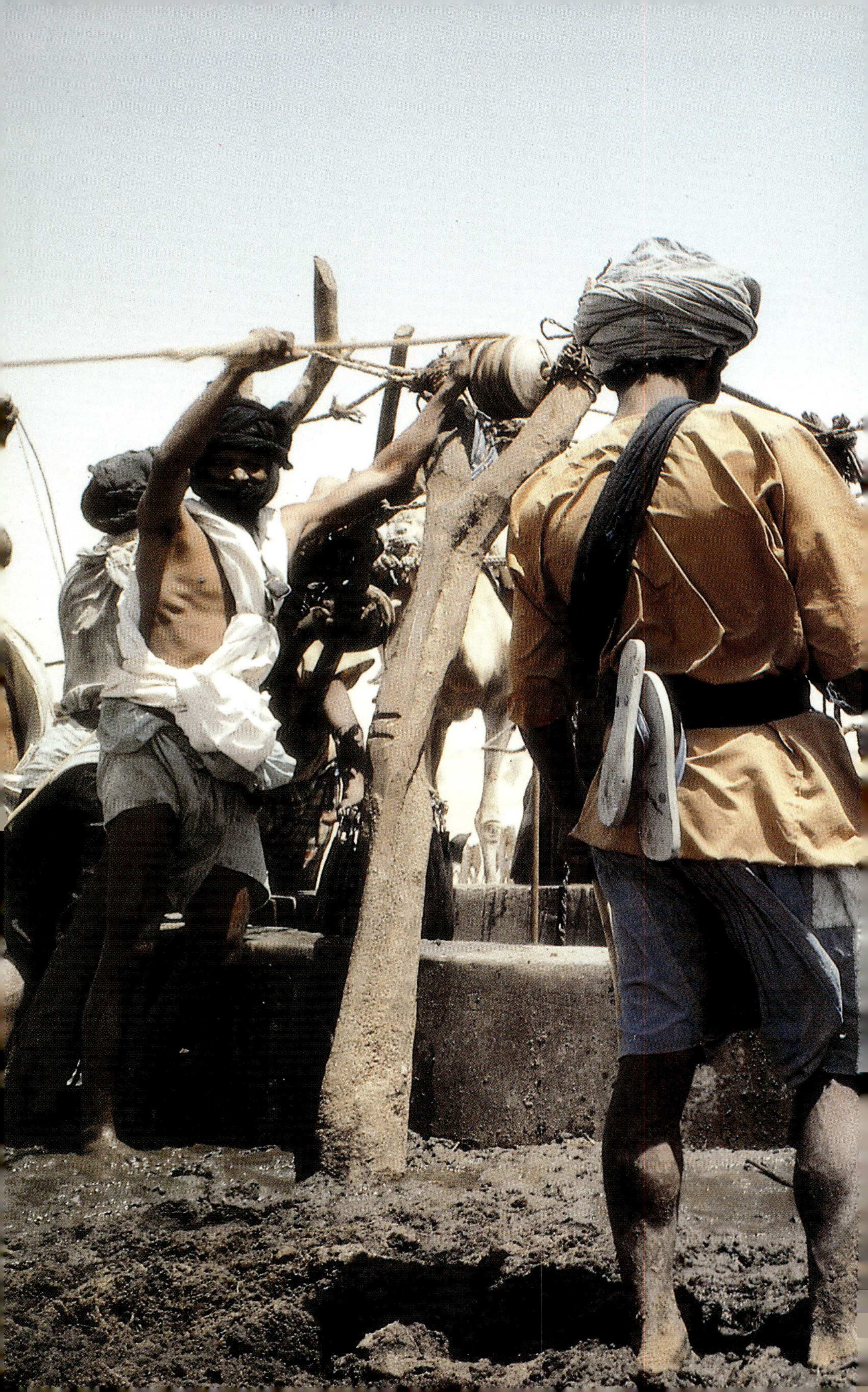

Le squelette d'un chameau mort.

L'animation du puits de Zouina tranche avec la vie austère du reg.

**Crépuscule, heure de repos. Reste à déseller
et à déharnacher les chameaux... jusqu'au lendemain.**

Les photos de cet ouvrage relèvent de la collection de l'auteur.

caravanes y font halte, certaines pour la troisième ou quatrième fois de l'année, car la saison touche à sa fin. Cela se voit : les chameaux sont squelettiques, les plaies rongées par les barres de sel, les soles limées. Parfois de vrais zombies. Inutilisables. Je remarque d'emblée la mauvaise qualité des bêtes à l'arrivée au puits central. Quelques Berabich m'accueillent aimablement mais, en me baissant pour entraver mon chameau de selle, celui-ci m'envoie un magistral coup de sole sur la nuque capable d'étendre un bœuf. Je vacille, un voile noir sur les yeux. Un nomade se précipite, me cueille dans ses bras. Je me dégage aussitôt, mû par ma seule volonté, et, n'ayant aucune conscience de mes mouvements, je termine d'entraver les bêtes, les desselle et vais enfin m'effondrer quelques pas plus loin, définitivement assommé. Ceci pour ne pas laisser mes chameaux entre des mains étrangères.

Plusieurs heures après, j'émerge. Aucun souvenir de mon arrivée à Araouane. La vision de mon approche vers le vieux fort abandonné surplombant la dune me revient, mais la suite est floue. Les nomades m'expliquent que je me suis débattu inconsciemment pour immobiliser mes chameaux rendus nerveux par l'eau et une présence humaine à laquelle ils sont peu habitués. A part à El-Mraïti, personne depuis un mois.

Ce genre d'incident est une hantise continuelle lorsqu'on voyage seul. Le moindre problème peut immédiatement avoir des conséquences dramatiques. Mais pour rien au monde je ne voudrais m'encombrer de quelqu'un d'autre. Je suis trop bien avec mes bêtes. Parfaitement adapté au terrain, je n'ai besoin de personne. Au nomade qui s'offre comme guide, je réponds invariablement que, si c'est pour qu'il me perde, je n'ai pas besoin de guide. C'est souvent le cas, d'ailleurs, les nomades ne connaissent en général que les zones qu'ils parcourent habituellement, sur les franges désertiques, autrement dit pas grand-chose du désert proprement dit pour la majorité d'entre eux. Par contre, ils connaissent à fond leur terrain de parcours, c'est vrai. Or, là où je passe habituellement, il n'y a pas d'éleveurs. Que ce soit l'Ash Shimaliya, le Ténéré ou le Lemriyé. Et j'ai mon autonomie. De temps à autre, j'hésite devant une dune blanche et molle, plus arrondie à l'est et plus abrupte à l'ouest, comme elles le sont toutes au Lemriyé. La prendrai-je à droite, à gauche ? Finalement, plus d'une fois, je passe tout droit en plein par-dessus. Pour le plaisir de goûter un relief dans ce désert plat, pour la vision du site. Également pour appréhender le trajet des prochaines heures sans avoir constamment des dunes qui barrent l'horizon. Je peux ainsi aller jusqu'au bout de mes envies et courir librement dans ces espaces stériles. Librement ? Voire.

A Araouane, je me remémore les difficultés que j'avais eues pour obtenir l'autorisation de traverser le nord du Mali. Un an plus tôt, presque jour pour jour, j'étais reçu par le chef de cabinet du ministère de l'Intérieur qu'on appelle ici l'Administration territoriale. Aimable discussion.

« Ah, monsieur Philippe, moi aussi j'ai fait l'aventure aux États-Unis.

— C'est bien, c'est bien, et moi, comment dois-je vous appeler ?

— Appelez-moi Agibo, monsieur Philippe. »

Toutefois, il faut juste passer au service technique, la porte à côté, voir M. Sylla.

Très bien, toc-toc. Dialogue nettement moins cordial :

« Mais combien avez-vous prévu pour les frais ?

— Les frais ?

— Bien sûr, les frais. Il n'y a pas de mission sans frais. Le Paris-Dakar, lui, laisse deux mille doses de vaccin anti-choléra, plus deux mille doses de... »

Et de fouiller dans ses dossiers pour me citer tous les chiffres codés, étant entendu qu'il n'a jamais été question de vaccin. Et d'ajouter que, s'il n'y a pas de frais, il n'y a pas de passage. Rien à faire d'autre que de s'entendre sur un montant et de payer la somme, qu'il fait aussitôt disparaître dans un tiroir de son bureau.

Le soir même, je me faisais attaquer avec Sylvie par cinq hommes armés d'un couteau juste devant la porte du ministère. Cocasse. Après en avoir mis un par terre, tombé un peu par hasard, je me suis avancé sombrement vers les autres en les injuriant :

« Amène-toi, toi, que je t'éclate ! »

Fuite éperdue de toute la bande. Ils ont visiblement vu trop de films de karaté. Mais, au moins, j'ai un papier à en-tête avec un magnifique tampon – et une signature qui compte – me permettant de circuler théoriquement en sécurité dans le pays.

Épilogue : les rebelles touaregs contrôlent des zones entières du nord du pays. Le président est déchu. Le gouvernement est tombé. J'ai brûlé mon magnifique papier et je suis à nouveau en situation clandestine ou pour le moins anormale dans ce pays, Araouane étant mon seul point de chute. Pour finir, M. Sylla, mon interlocuteur et sésame, a été nommé gouverneur de Tombouctou pour services rendus au pays. Finalement, deux pays sur sept traversés normalement. C'est peu.

Je resterai quatre jours à Araouane. Complètement sonné. Chaque fois qu'une caravane arrive à l'un des puits, une par jour peut-être, je m'y rends pour inspecter les bêtes. Piteuses. Ce sont vraiment les dernières caravanes de la saison, en cette mi-avril, et elles sont toutes sur le trajet du retour. Aucune ne remonte plus sur Taoudeni. Il fait trop chaud, le pâturage est épuisé. Les bêtes également. Ce ne sont pas des cônes de sel moulé comme à Bilma. Ce sont des plaques taillées d'une pièce. Celui qui les extrait à Taoudeni (n'importe qui peut s'y rendre, la mine est libre) reçoit le prix de vente d'une barre sur quatre et il en produit deux ou trois par jour. Mais les conditions sont évidemment très difficiles. Jusqu'à il y a trois ou quatre ans, les mines de sel de Taoudeni étaient un bagne pour prisonniers politiques. Ils étaient simplement enfermés lorsqu'une équipe de prospection minière ou de recherche archéologique était annoncée. On y avait envoyé, entre autres, l'ancien ministre de l'Intérieur qui n'avait su réprimer convenablement les émeutes de la faim de 1973 à Bamako.

L'été est à présent presque installé et personne ne va bientôt plus circuler. Pour rien au monde. Le désert va se durcir, devenir inhumain et sans pitié. Et moi, j'ai encore mille cinq cents kilomètres à parcourir. Si j'y parviens... Inutile d'espérer trouver un chameau correct parmi les caravanes de l'« azalaï ». Des troupeaux gardés par des Arabes berabich viennent s'abreuver de temps à autre. La plupart des bêtes appartiennent à des propriétaires de Tombouctou et les gardiens sont rétribués soit en argent, soit en chameau. La piètre qualité des bêtes s'en ressent.

Le troisième jour, un troupeau mené par un Reguibat s'approche du puits est. Ce sont tous des puits à superstructure très profonds et il est indispensable d'utiliser un animal d'exhaure pour puiser l'eau au moyen d'une corde et d'une poulie. Le propriétaire du troupeau de chameaux s'approche, me salue à peine. Les bêtes d'abord. Il est vif, petite barbiche acérée, sans chèche, les cheveux bouclés au vent. Tout à son travail : son gamin chevauche le chameau qui tracte une corde de cinquante mètres en un va-et-vient constant. Lui déverse le délou confectionné à partir d'une chambre à air de camion dans un fût découpé, cravachant dans un même temps les bêtes de son troupeau qui n'ont rien à faire là, suivant une préséance connue de lui seul. Moi, je circule entre les bêtes. Il y aurait bien ce mâle blanc castré, animal ni très étoffé ni gras, mais, avec les Reguibats, on est presque sûr qu'il est solide. Dialogue en arabe. Non, il n'a pas du tout envie de me vendre son chameau. Il l'aime bien et il n'a absolument rien à foutre de mon argent. C'est un bon départ. Il me plaît, cet homme. J'insiste. Il me faut un bon chameau pour traverser l'« aklé », une zone de dunes épouvantables qui me sépare de la Mauritanie. Il me répond entre deux puisées que, soit, il consent à me l'échanger contre une chamelle en lait avec son petit. Une chamelle en lait avec son petit ? Mais je n'ai pas cela, moi. Bon, eh bien, tant pis. Ce n'est pas son problème.

Il a raison. Je reste malgré tout encore un long moment à observer ses bêtes, à les regretter. J'ai jusqu'à présent toujours acheté les plus beaux chameaux, mais si lui ne veut pas vendre les siens... Les vrais nomades n'ont en fait aucun rapport avec l'argent. Ils fonctionnent avec d'autres valeurs, les seules qui aient cours ici. Je sors un appareil photo pour immortaliser ce qu'est un véritable éleveur. Et je me fais insulter copieusement.

Encore une fois, il a raison. En désespoir de cause, je déniche un chameau berabich blanc, gros et gras. Au moins, il a de la réserve.

Je suis encore totalement vaseux. J'ai les jambes molles et la tête me tourne. Mais il faut absolument quitter Araouane et au moins traverser l'aklé Aouana avant les trop fortes chaleurs. J'ai eu un certain répit jusqu'à présent. Il fait très chaud, bien sûr, mais pas torride, et mon organisme a eu la chance au moins de s'adapter progressivement à la montée graduelle de la température. Le départ est fixé au lendemain à l'aube. Toute la nuit, je suis encore victime de vertiges terribles qui m'empêchent de fermer l'œil. Même parfaitement allongé, les décors se bousculent dans ma tête et je ressens une impression de flottement bizarre, les avant-bras mous, pratiquement incapable de bouger les doigts...

7.

Aklé

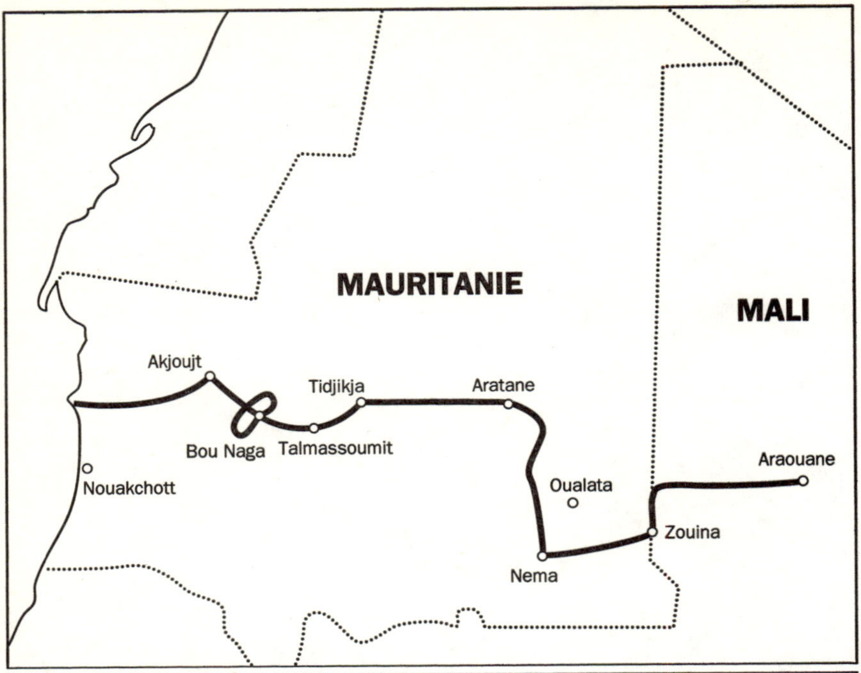
MAURITANIE
MALI
Akjoujt
Tidjikja
Aratane
Bou Naga
Talmassoumit
Nouakchott
Oualata
Araouane
Zouina
Nema

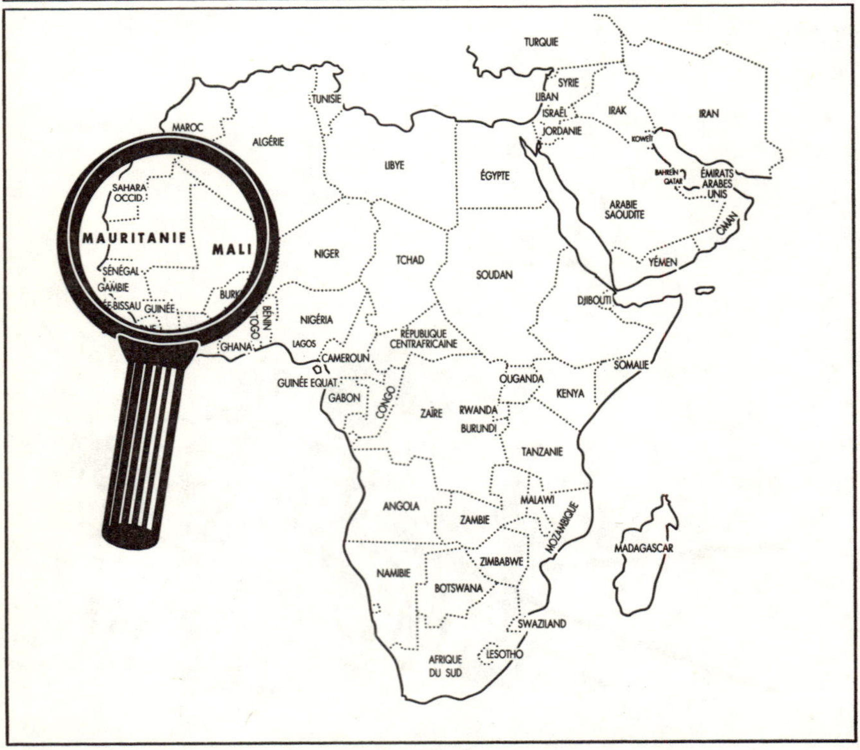
TURQUIE
SYRIE
LIBAN
ISRAËL
IRAK
IRAN
JORDANIE
TUNISIE
MAROC
ALGÉRIE
LIBYE
ÉGYPTE
KOWEÏT
BAHREIN
QATAR
ÉMIRATS ARABES UNIS
ARABIE SAOUDITE
OMAN
YÉMEN
SAHARA OCCID.
MAURITANIE
MALI
NIGER
TCHAD
SOUDAN
SÉNÉGAL
GAMBIE
GUINÉE
BÉNIN
TOGO
NIGÉRIA
DJIBOUTI
RÉPUBLIQUE CENTRAFRICAINE
GHANA
LAGOS
CAMEROUN
SOMALIE
GUINÉE EQUAT.
OUGANDA
KENYA
GABON
CONGO
ZAÏRE
RWANDA
BURUNDI
TANZANIE
ANGOLA
MALAWI
ZAMBIE
MOZAMBIQUE
MADAGASCAR
ZIMBABWE
NAMIBIE
BOTSWANA
SWAZILAND
LESOTHO
AFRIQUE DU SUD

C'est une bonne heure avant le lever du jour que je selle mes bêtes et que je suspends mes outres remplies la veille au puits : en tout, cent vingt litres pour traverser le no man's land de dunes qui sépare le Mali de la Mauritanie. Une expédition seulement a reconnu l'aklé Aouana. Celle de Lamarche avec des goumiers, des guides, en bonne saison... Dans l'état où je me trouve, c'est littéralement de la folie.

Je quitte les environs d'Araouane, direction plein ouest, suivant pour l'instant le couloir de dunes où est situé le petit bordj fortifié qu'on aperçoit encore de très loin tel un fanal pour navires perdus dans l'immensité ocre. Les Berabich m'ont raconté qu'ils allumaient il n'y a pas si longtemps encore une lampe pour guider les caravanes égarées. Mais les caravanes circulent nord-sud et ne s'égaillent jamais à l'écart de la piste chamelière. Six heures après mon départ, je n'ai déjà plus aucune chance d'en croiser. Six heures difficiles. Je suis obligé de marcher malgré l'étuve, car j'ai peur de ne pas supporter les mouvements lents de ma monture.

Finalement, après des heures de marche, je suis bien obligé de monter. Je baraque mon chameau. Il est exclu que je l'escalade comme d'habitude. Il se soumet et, difficilement, je prends place sur ma selle touarègue. Plus un tabouret inconfortable et instable qu'une vraie selle de chameau. Mais, suivant chaque région, j'avais la selle correspondante. L'animal se redresse brusquement – toujours celui que j'avais acheté au marché d'Agadez – et, pour la première fois, je manque m'étaler. Je me raccroche au montant avant en forme de croix, fragile édifice en bois de Téborak. Normalement, il ne faut jamais s'y agripper, de peur de le rompre. Je serre désespérément les chevilles autour du cou de l'animal qui, visiblement, n'est pas habitué à être dirigé aussi mollement. Puis c'est le lent roulis très particulier de la marche des dromadaires qui reprend. Le sable alentour, malgré quelques touches vertes d'alfa et de « hâd », me paraît incroyablement blanc et austère. Ma vue se voile. J'en suis même à fermer les paupières pour éviter le malaise.

Puis vient le moment où je n'ai plus conscience de mon corps. Le lent roulis aidant, je commence à avoir des absences terribles d'où j'émerge toujours in extremis, ayant la surprise de me retrouver toujours en selle. Cela ne peut plus durer. C'est beaucoup trop dangereux. A n'importe quel moment, je peux m'effondrer du chameau, m'écrouler à terre, inconscient. Et je sais que mes chameaux ne m'attendront pas. Pas par vice, mais simplement pour chercher de la nourriture. A moins qu'ils ne s'effraient de ma chute et ne détalent dans le désert, ce qui est très probable. Hantise constante qui ne tolère pas la moindre inattention. Cela ne va plus du tout. Je me laisse glisser le long de l'encolure, péniblement retenu à la crinière du chameau. Je farfouille dans la poche d'un sac, retire ma couverture de survie aluminisée, m'y entortille et m'écroule à même le sol brûlant, la longe du chameau de tête enroulée autour du poignet.

En espérant simplement que l'un ou l'autre ne piétinera pas cette forme indistincte dissimulée sous la couverture. Une heure, deux heures. Impossible de savoir combien de temps durera cette inconscience semi-comateuse. Il faut se remettre en route, difficilement, les jambes lourdes et une douleur sourde derrière les orbites et dans la nuque.

Avec la baisse de la température du soir, ma situation se stabilise sensiblement. Je remonte sur ma bête. Juste à point pour découvrir une tente nomade dans un creux de dune. La dernière, certainement, les pasteurs ne nomadisant actuellement que rarement à plus de cinquante kilomètres d'un puits. Un ou deux jours de marche tout au plus. Or, de puits vers l'ouest, il n'y en a plus jusqu'à Oualata, à près de cinq cents kilomètres de l'autre côté des dunes. Territoire quasi inconnu.

Je suis fou, certainement. A ma vue, trois femmes s'avancent pour intercepter ma route. Elles n'ont rien à demander. Elles sont simplement venues pour examiner l'étranger blond dont la chevelure lumineuse reflétait l'éclat du soleil. De loin, sans chèche, habillé d'un sarouel et de sandales, c'est le seul indice qui dénote un nasrani. Un autre indice est que personne ne va jamais vers l'ouest. Elles s'approchent donc, gloussantes et rougissantes, et me font signe de venir bivouaquer à côté de leur tente. Elles ne sont que trois et, disent-elles, cela leur ferait grand plaisir. Il n'y en a qu'une qui soit vraiment jolie, la peau brune, des yeux de gazelle, les cheveux délicatement tressés en petites nattes retenues en arrière. En tout cas, apparemment, les deux chameaux ont encore très fière allure. Je suis persuadé qu'ils sentent quand ils doivent se cabrer, redresser le cou, pratiquement gonfler leurs muscles. Non, mais désolé, je suis trop mal. Je serais d'ailleurs lamentable et je n'ai qu'une envie : m'étaler par terre la tête entre les mains. Allez, *Salam !* Une heure plus tard, distance raisonnable pour ne pas se faire agresser la nuit, je déroule ma couverture, desselle mes bêtes sommairement et m'écroule jusqu'au matin.

Le jour suivant, la situation s'améliore un peu. Mais difficile de présager d'une éventuelle absence à chameau. Au fil de l'étape, les dunes se resserrent sensiblement et les couloirs dunaires se font plus étroits, moins réguliers. On s'engage progressivement dans l'aklé. Les traces de chameaux au pâturage disparaissent progressivement, et apparaissent de nombreuses traces d'autruches et d'outardes. Parfois de varans de sable. Un lièvre détale de derrière une touffe de « zbad », attendant la dernière seconde pour se découvrir, pratiquement sous la patte de mon chameau.

Le spectacle de cette fuite éperdue m'enchante et me redonne une solide joie de vivre, me réconciliant par là même avec la désolation environnante. De plaisir, je me redresse sur mon chameau pour lancer un cri sauvage glaçant venu du fond des âges à l'adresse de l'animal en fuite. Ce qui a pour effet de redoubler sa course.

Je retrouve peu à peu mes forces et les gestes utiles. Il était temps, les dunes se ferment. J'aurai besoin de toute mon attention pour chercher les meilleurs passages, acheminer les bêtes, conserver un cap rigide. Les formations de dunes sont très étranges et ne ressemblent à rien de ce que j'ai pu connaître précédemment. Les pentes sont relativement douces pour aborder les dunes par l'est, mais leurs sommets deviennent d'une complexité extraordinaire avec des dénivelés dans tous les sens. Par endroits, le sable est très mou et on enfonce jusqu'aux chevilles. C'est le cas pour les dunes molles se déplaçant au gré de l'harmattan. Sur le côté ouest, les pentes sont d'une raideur parfois vertigineuse et la plupart du temps impraticables. Il faut alors longuement serpenter sur les dévers les plus doux afin de permettre aux chameaux de progresser dans une lente reptation. Aucun couloir de dunes qui permettrait une certaine approche. Des dunes molles mélangées à des dunes vives inextricables.

Parfois, des cuvettes au fond des pentes abruptes, le sable étant accumulé contre un obstacle invisible. Ce sont les rares endroits où l'on puisse trouver un sol stable, parfois même un arbre isolé.

Au fur et à mesure de la progression, même les traces d'autruches finissent par disparaître, de même que les traces de gazelles. On dirait que les animaux sauvages hésitent à s'engager vers le cœur de l'aklé. Les chameaux renâclent, peinent dans le sable mou brûlant, m'obligeant à faire des détours impensables pour éviter un mur de sable trop raide, infranchissable. Au point parfois de se retrouver face à l'est, en direction opposée. Frustrant. J'essaie de les soulager au maximum en marchant le plus possible, en tout cas lorsque l'obstacle s'avère difficile. Parfois des pentes de soixante-dix degrés qu'ils abordent précautionneusement, avançant une patte après l'autre, enfonçant tout le jarret dans le sable meuble chauffé à blanc. Et ainsi pendant des heures et des heures. Des jours.

Le quatrième jour après mon départ d'Araouane, le deuxième jour de dunes, aklé toujours à perte de vue. Inutile de compter sur les cartes, elles sont fausses. Toute la formation sableuse s'est déplacée vers le sud, vers l'est, rendant impossible tout calcul pour savoir à quel moment j'en sortirai. Pour ce qui est du relief proprement dit, les dunes se déplacent parfois toutes les semaines, changeant constamment le décor comme dans un kaléidoscope géant. Il faut piquer un cap une fois pour toutes, quitte à dévier très souvent à l'aveuglette vers le nord ou le sud lorsque l'obstacle se révèle trop important. La moyenne s'en ressent.

Problème très grave, le nombre de jours sans eau est compté. On ne peut absolument pas se permettre la moindre erreur. Ma consommation grimpe vertigineusement : parfois quinze litres par jour. L'effort est trop violent et la chaleur torride. En hiver, je pouvais ne rien boire du tout de la journée. Ici, il faut boire un litre par heure en moyenne pendant la journée... et se lever pour boire deux ou trois fois durant la nuit. Chaque instant de repos représente un danger mortel car les réserves baissent et la distance au puits ne diminue pas. Calcul simple : 120 litres, 15 litres par jour, presque 500 kilomètres, donc au minimum 10 à 12 jours dans les dunes. Absolument aucun droit à l'erreur.

Normalement, aujourd'hui, je suis au centre de l'aklé. Déjà hier, les chameaux montraient une fatigue manifeste. Il y a un petit peu de verdure et je les laisse brouter de temps à autre, ne serait-ce que pour s'humecter un peu la gueule. Mais, confusément, je les sens moins avides de nourriture, je les vois plus peiner. De plus en plus souvent, ils refusent de s'engager dans une pente raide. Et même ils s'affolent et dégagent une vigueur anormale pour se dépêtrer d'une situation difficile.

Le cinquième jour, ils terminent dans un état indescriptible. Leur épuisement s'est manifesté à une vitesse stupéfiante. Vingt-quatre heures au plus. Je baraque au sommet d'une crête sableuse arrondie surplombant une cuvette très encaissée au milieu des sables. Le chameau blanc touareg, bête splendide qui m'occasionnait tant de fierté, n'arrive presque plus à s'agenouiller et tremble sur ses jambes flageolantes. Ses cuisses auparavant musclées me paraissent à présent maigres et plissées. Il a les flancs creusés à l'arrière des dernières côtes. Depuis quelque temps, le soir, au lieu de pâturer comme à l'accoutumée, il se couche sur le côté et se cambre en arrière, raclant un peu le sable en cercle avec ses soles. Très mauvais signe. Quoique certains chameaux le fassent sans être épuisés.

Le lendemain matin, je dois récupérer les deux bêtes au fond de la cuvette. C'est dramatique. Le chameau touareg se relève péniblement. Je dois pratiquement le repousser sur le flanc pour le maintenir en équilibre. Il a le vertige. Comme moi quelques jours plus tôt. Harnaché, il n'avance plus que derrière l'autre, le chameau berabich, poitrail contre croupe, comme nécessitant d'être secondé et guidé.

Et cela perturbe complètement le chameau malien, qui n'a pas du tout l'habitude de mener une marche. En fait, il révèle son caractère archimou de lope. Tout à fait le castré qu'il est qui n'attend apparemment plus rien de la vie. Le cordon fixé sur la cloison nasale cède en quelques heures. Je m'aperçois qu'il avait déjà une narine arrachée. Donc, il n'a jamais été d'une grande vivacité. D'ailleurs, je me rappelle un gamin d'Araouane qui disait de lui qu'il ne connaissait pas le travail. Et c'est vrai : fort, gras, mais mou. Je lui perce immédiatement l'autre narine sans perdre de temps. Mais le plus préoccupant reste le chameau touareg. Il n'avance plus que contre l'autre comme un automate. Où est la bête piaffante d'Agadez qui venait à ma rencontre sur le marché ? Cet animal, je ne l'aurais jamais vendu. Pour rien au monde. C'est indiscutablement le plus beau que j'aie eu ou que j'aie simplement rencontré. Vif, une longue crinière au vent secouée à chaque pas trotté. Je veux seulement l'amener en Mauritanie, le confier à un éleveur au milieu d'autres bêtes. De cette façon, je pourrai revenir quand bon me semblera, sauter dans le premier avion et retrouver mon chameau blanc qui plaît tant aux femmes des campements.

Impossible de monter, bien sûr. Déjà, le jour précédent, j'ai effectué tout le trajet à pied. C'est devenu, en quelques heures, une question de survie. A midi, les deux chameaux s'effondrent en haut d'une éminence sableuse, face à une zone de dunes hachées très molles, très acérées, à perte de vue. Merde ! J'installe une couverture fixée, qui au fusil planté dans le sable, qui au montant de la selle, et me réfugie à l'ombre. La chaleur est torride, le sable incandescent comme de la braise. En marchant, en catalepsie, je n'en étais pas conscient, mais c'est littéralement un enfer. Mon thermomètre est inutilisable. Sa graduation ne monte qu'à 55 °C, et l'aiguille a dépassé le maximum, bloquée. Je décide d'attendre le soir. Le problème, c'est que la nuit on ne peut choisir les passages. Donc, impossibilité de circuler. Et la journée, la chaleur est inhumaine de 10 heures du matin à 16 heures, au plus tôt. L'eau est comptée ; il est interdit de traîner. Et de toute manière, on n'en est plus là. Coup d'œil à la carte. Direction Zouina, au sud-ouest. A cent kilomètres derrière l'aklé. Une distance littéralement énorme. Oualata est à présent exclu, à cent quatre-vingt-dix kilomètres à l'ouest. Si les chameaux ne se relèvent pas, je suis mort. En comparant les trois cartes disponibles de la région, je remarque que toutes trois indiquent autre chose. Encourageant. Seraient-elles justes que l'année suivante elles seraient à nouveau fausses, les dunes s'étant déplacées.

Vers 18 heures, les chameaux se relèvent d'eux-mêmes, conscients de leur mort assurée s'ils restent là. Encore deux heures avant l'obscurité complète, ponctuées de plusieurs effondrements et refus.

Le 20 avril, le jour suivant. L'aklé est interminable. Il faut à présent éviter les moindres passages mous, les moindres descentes. Sous peine de voir s'effondrer l'un ou l'autre chameau pour ne plus se relever de la journée. Toutes les techniques sont bonnes : je tire une bête par l'anneau de nez, puis, quand il bloque par trop, je le tire par une corde passée autour de la mâchoire inférieure. J'essaie de guider les bêtes en les frappant par l'arrière, comme pour les chameaux d'exhaure. Je les aide de la voix, tantôt conciliante, tantôt stimulante.

Toute ma persuasion est nécessaire pour parcourir kilomètre après kilomètre. Chaque pas nous rapproche du puits et augmente mes chances de survie. Car il est évident que cent kilomètres sont impossibles à parcourir à pied. Et personne ne peut venir vous chercher ici.

A la vue d'un arbre, en milieu de matinée, les chameaux se glissent sous les branches parcourues d'épines pour ne plus se relever avant le soir. Je leur donne cinq litres d'eau, malgré le rationnement cruel imposé. Mélangée à un kilo de sucre, vieille recette de caravanier toubou pour donner un dernier coup de fouet à une bête épuisée. Plus d'eau ne peut être sacrifiée.

Jusqu'au soir, je dois me battre avec le chameau touareg qui cherche à tout prix à me voler le peu d'ombre dont je dispose sous mon abri de fortune. Comme la veille, je relève les bêtes de quelques coups de cravache. Quelques heures difficiles, et c'est à nouveau le bivouac, une dizaine de kilomètres plus loin seulement. Le lendemain matin, 21 avril, comme tous les matins, mon premier réflexe est de me tourner vers les chameaux pour m'assurer qu'ils sont bien là. Il fait encore nuit. Je me lève tous les jours bien avant l'aube, vers cinq heures.

En braquant ma lampe en direction des bêtes, je remarque aussitôt une lueur rouge dans les yeux du chameau touareg. Des yeux rouges de mutant. Effrayant. Je m'approche : il ne bouge pas. Je le touche. Il est encore tiède. Je soulève une patte. Elle retombe raide. Pas de respiration. Pas de battements de cœur. Il est mort. Durant la nuit, je n'ai pratiquement rien entendu. Tout en dormant, je reste d'habitude vigilant, prêt à me lever au moindre doute. Chaque nuit, alors que je suis couché à même le sable, mon sommeil est ponctué des battements de queue des chameaux contre le sol lorsqu'ils sont couchés. Ces battements réflexes ont pour but de chasser les parasites qui pourraient s'introduire dans l'anus. Ce bruit transmis par le sol est enregistré par mon cerveau et je dors en général mieux que si les bêtes sont allées brouter un peu plus loin. C'est vrai que cette nuit je n'ai rien entendu. En tout cas, il est mort à une vitesse stupéfiante. La veille, il approchait encore son museau sous la couverture qui me servait d'abri et me faisait confiance. S'il avait tenu quelques jours de plus, j'aurais peut-être pu le sauver, le garder toute sa vie dans de beaux pâturages. Les dunes de l'aklé commençaient enfin à se tasser.

Je lui ôte ses bracelets de cheville, que j'utilise habituellement pour l'entraver, et je l'abandonne. Balise morbide posée sur une dune. Je ne sais même pas s'il y a des chacals par ici. Aucune trace si ce n'est d'innombrables empreintes de vipères, notamment dans les nombreuses cuvettes de sable. Par endroits, les traces en forme de S sont étalées sur des surfaces entières. De vrais nids de vipères. Avec les très fortes chaleurs de l'été, elles sortent. Et ne connaissent apparemment que peu de prédateurs par ici. Normalement, quand on aperçoit une empreinte caractéristique, il faut prendre ses précautions pour éviter de marcher sur la bête enfouie sous une mince couche de sable. Or, quand les traces sont trop nombreuses, on ne peut pas faire grand-chose, si ce n'est regarder sommairement où l'on pose chaque pas. Dans le centre de l'aklé, il n'y avait pas même de vipères. Par ici, elles abondent. Est-ce un signe de la fin des dunes ? Au cours d'une descente sableuse, j'ai à peine le temps de discerner un éclair argenté furtif, à cinq mètres sur ma gauche. Une vipère en train de se recouvrir à mon passage. Ne pas marcher dessus. Ne pas marcher dessus, simplement. Dans les déserts stériles que j'ai traversés jusqu'ici, il n'y avait pratiquement pas de reptiles...

Depuis que le chameau berabich est seul, il n'avance presque plus. Il s'effondre contre chaque touffe de zbad. Le frapper jusqu'au sang ne sert à rien : il se relève pour deux kilomètres et s'effondre plus loin. Au matin, j'avais déjà dû l'aider à se relever sur ses jarrets. Couché sur le côté, il n'avait pas le coup de reins nécessaire pour reprendre sa position habituelle baraquée. Lui aussi commençait à creuser le sol de ses sabots.

Le soir, c'est la fin. Il se couche sur le côté, malheureusement la bosse dans le dévers de la dune. J'essaie sans succès de le remettre debout ou de le tourner dans le bon sens en le tirant par la queue. Peine perdue. C'est là que je constate également mon propre épuisement, que j'ai toujours ignoré et refoulé tellement j'étais préoccupé de mes bêtes. Calcul de position. Cinquante kilomètres jusqu'au puits de Zouina. Il reste vingt litres d'eau. Mes chances d'y parvenir : réduites. La plupart des traités de survie ne vous donnent que peu d'exemples de personnes ayant survécu à de telles distances en cette saison. Heureusement que j'ai un peu d'eau. De toute façon, il fallait prendre une décision et abandonner l'animal. Je n'aurais bientôt plus eu de quoi boire au rythme lent imposé par la bête épuisée. Maintenant, au moins, plus d'ambiguïté. Ma vie dépendra de ma propre résistance.

Quelques minutes encore pour mémoriser la position du chameau mourant et des bagages que j'abandonne ici. J'intègre la donnée dans le navigateur GPS. Cap au 210. Une balise Argos ou Sarsat est totalement inutile. Personne ne peut venir ici. Ni en véhicule. Ni personne en chameau qui soit capable de calculer une position. Et quand bien même, il trouverait trop tard un cadavre séché. Les choses vont très vite en cette saison. Je l'ai vu sur mes chameaux. Alors sur un homme...

Je dois y aller à présent. L'obscurité est tombée depuis quelque temps. Je charge l'outre polymérisée sur mes épaules. Je ne sais vraiment pas si j'aurai la force nécessaire à travers les dunes molles et pentues. Mes sandales m'ont lâché depuis quelques jours et j'avance soit pieds nus, soit en claquettes de mousse lorsque le sable est trop torride. La brûlure du sable sur le pied est alors atroce. Depuis l'Algérie, j'ai parcouru une bonne partie du trajet pieds nus. La température, avec l'obscurité, a un peu baissé. Mais, dès les premiers pas, je suis en nage. Si le puits est à sec, aucune chance de parvenir au suivant. Éventualité possible : il est indiqué à une profondeur de soixante-dix mètres. Si la nappe a encore un peu baissé, les nomades auront déserté la zone. A cette profondeur, on ne peut rien présager. Et les dunes sont tellement mobiles par là, qui pourraient recouvrir un trou d'eau. Dire que je suis confiant serait exagéré et toutes ces pensées s'entrechoquent dans ma tête.

Toutefois, je marche avec la ferme intention de ne pas crever là. J'ai un mental d'acier. Depuis la mer Rouge, je n'ai « jamais » fait une halte pour me reposer. Jamais. J'enclenchais la marche avant l'aube pour ne la terminer que lorsque le disque rougeoyant du soleil touchait l'horizon, face à moi. Je profite à présent de cette astreinte physique à laquelle je me suis soumis depuis des mois. Cela fait bien longtemps que je n'écoute plus mon corps. Mais il y a pourtant une différence énorme entre circuler librement dans un désert, uniquement une longe à la main, sachant que deux chameaux marchent derrière moi transportant eau et nourriture, et tituber péniblement, en pleine nuit, les épaules sciées par le poids de l'eau, escaladant des pentes raides au sable encore chaud, tombant parfois quand le sol s'éboule sous mes pieds nus. Très peu de lune. Cette nuit me rappelle celle où je traversais les lignes égyptiennes dans le désert de Libye. C'était il y a sept mois. Une éternité. Passée à courir les sables. C'était également presque à l'autre bout du continent.

Une odeur entêtante ne me quitte pas. Celle de la sueur des chameaux. Aigre, forte, elle colle aux parois des outres qu'ils transportaient auparavant. Je n'ai jamais senti cette odeur, qui est pour moi l'odeur de leur mort. Ma propre sueur se mélange à cette senteur morbide et me suit, écœurante.

La brousse frémit de multiples bruissements. Je commence réellement à quitter l'aklé proprement dit et les touffes de végétation commencent à abonder. Parfois, deux lueurs phosphorescentes : les yeux d'une petite souris ou une tache claire circulant à toute vitesse sur le sable – un solifuge, sorte de grosse araignée jaune. A l'aube, je m'accorde cinq minutes de repos avant de repartir. J'espère ne pas avoir trop dévié de mon cap. Je préfère ne pas avoir à déambuler à la recherche du puits. Et, soudain, j'entends une chèvre, à droite. Il fait encore presque nuit, on distingue à peine les formes. Dans quelques heures, le désert sera chauffé à vif. Je traverse un petit cordon de dunes en direction du bruit et j'aperçois une silhouette féminine dans la demi-obscurité. C'est fini, je suis sauvé.

Évidemment, un Blanc, seul à pied dans le désert, venant de l'est, c'est peu courant. En deux mots, ils comprennent mon histoire et m'offrent une jatte de lait de chamelle fraîchement tiré. J'avais oublié comme ça pouvait être bon... Il s'agit d'un jeune homme, de ses parents et de son petit frère. Ils sont kounta et ce sont eux qui nomadisent le plus septentrionalement dans l'Irrigui. Et, du même coup, ils possèdent également les plus beaux chameaux. Une tente maure de tissu blanc sur un piquet central, quelques fûts à eau vides à même le sol. C'est toute leur richesse.

Discussion. Ils sont d'accord pour rechercher les bagages, mais sont persuadés qu'on ne les retrouvera pas. Avec l'aube, un vent de sable rasant s'est levé et commence à effacer toutes les traces. Dans une heure, au plus, on ne verra plus rien de mon passage. Je leur assure que je retrouverai l'endroit, ayant mémorisé la position astronomique. Du chinois. Sceptique, Brahim, le jeune Kounta, disparaît pour revenir quelques instants plus tard avec deux chameaux qu'il est allé chercher au pâturage. Nous les sellons et nous élançons à toute vitesse sur les dunes au triple galop, avec vingt litres d'eau. Brahim, en croupe sur son chameau blanc, me laissant le guider, et son jeune frère sur l'autre bête. Impression fantastique que de sauter d'une dune à l'autre, d'avaler les espaces à cette allure. Ce chameau est une merveille. La distance parcourue me paraît toutefois énorme. Comment ai-je pu couvrir tout cela à pied, titubant sous le poids de l'eau ?

Effectivement, plus aucune trace de mes pas. Après quelques mesures, j'annonce à Brahim que nous sommes deux kilomètres à l'ouest. Il ne comprend rien mais se laisse guider, toujours aussi incrédule. Et nous tombons sur le dépôt... Le chameau n'est pas encore mort, mais il ne vaut guère mieux. Un essaim de mouches s'envole à notre approche. Elles ont commencé à lui desquamer la peau derrière la tête, là où la boîte crânienne laisse apparaître deux petites fossettes. Brahim se précipite en se laissant glisser par l'arrière-train de son chameau. Moi-même, je glisse le long de l'encolure. A mon avis, peine perdue, il est foutu. Il bouge à peine la tête à notre approche, réussissant tout juste à la décoller du sol. Il est resté une bonne partie de la journée ainsi, face offerte aux rayonnements solaires. Malgré tout, le jeune Kounta se saisit de la guerba et s'élance en direction de la bête moribonde. Je l'aide à écouler le précieux liquide dans les fosses nasales et non dans la gueule. Cela a le mérite de lui humecter les naseaux et de filer directement vers l'estomac et non dans le circuit de rumination. Une narine après l'autre. Presque vingt litres d'eau. Le chameau manque s'étouffer, remue l'encolure... et, à ce moment précis, nous le soulevons sur ses jarrets accroupis, à trois. Un coup de cravache sur la croupe et – surprise – il se relève.

L'eau est tout de même miraculeuse. La bête se déplace maladroitement en direction d'un arbre pour s'étendre à l'ombre, trop faible malgré tout pour brouter.

Impossible de l'amener au puits pour l'abreuver totalement. Il y faudrait presque cent litres, donnés à petites doses, car l'animal resté au soleil risquerait une congestion s'il avalait tout en une fois. Le problème ne se pose pas. Il ne pourra pas aller sur Zouina. Nous chargeons mon matériel et les selles supplémentaires sur les deux bêtes de Brahim et nous nous éloignons, abandonnant le chameau berabich. Je le donne à la petite famille kounta. Si dans quelques jours il a récupéré, ce dont je doute, ce peut être une belle monture. Sinon, ils pourront au moins l'égorger, la viande n'étant pas si courante. L'alternative dépend beaucoup du soin qu'ils y apporteront. Mais je reste très réservé. Et nous reprenons la route de Zouina. En grande partie au galop.

La journée s'écoule à chevaucher les dunes, les mêmes pour la troisième fois. En fin de journée, mon épuisement est total. Je ne sais pas par quelle force j'ai encore le pouvoir de rester en selle. Lors de galops trop appuyés, je me cramponne pitoyablement à ma selle et je geins longuement de fatigue et de souffrance. J'ai marché cinquante kilomètres toute la nuit dans les dunes, avec une outre à me scier les épaules. Puis cent kilomètres aller et retour à galoper dans le sable. Sans avoir finalement réellement pu boire à satiété. De quoi tuer quelqu'un.

La nuit tombe et j'ôte mes habits, ne conservant que mon sarouel. La sensation de l'air tiède contre ma peau nue me régénère un peu. Brahim nous a fait faire quelques détours. D'abord pour prendre et seller un troisième chameau près de son campement. Et puis pour faire le tour des campements de femmes aux abords du puits de Zouina. Les hommes sont à la ville ou en brousse et ce sont des tentes où résident trois ou quatre femmes vêtues de noir, à la couleur de peau plus ou moins sombres mais souvent extraordinairement belles comme peuvent l'être les Kounta. Nous nous arrêtons donc deux ou trois fois en pleine nuit pour charger des barriques de cent litres vides qui seront remplies au puits et qui seront redéposées lors du voyage retour de Brahim.

A chaque fois, je me laisse glisser à terre, prostré, épuisé. Impolitesse caractérisée. Et ce sont les femmes qui viennent saluer l'étranger de passage. Mimiques. Traduction de Brahim. Cela leur ferait grand plaisir si je passais la nuit à côté de... Oui, je sais. Mais vraiment... Chaque fois que je suis délabré, bien sûr! Dans un sursaut d'orgueil, j'arrive encore à me mettre en selle de très belle manière. Mais, quelques pas plus loin, mon calvaire recommence. Pourvu simplement que je ne garde pas de séquelles de mon épuisement. Et que ma récupération soit possible.

Enfin, vers 11 heures du soir, en pleine nuit, nous stoppons devant la tente de Mohammed Sheikh, le chef du groupement kounta de l'Irrigui. Le puits est à cinq cents mètres de là, paraît-il. Nous verrons demain.

Mohammed est chef de fraction, mais il est pauvre. Vêtu de haillons, il me reçoit devant sa tente, serrant tendrement sa petite fille contre lui. Le visage ridé, petite barbiche arabe et cheveux bouclés, grand quand il se lève pour me saluer. Son premier geste est de me présenter la chèvre qu'il allait égorger en mon honneur. Lorsque je comprends enfin, mon cerveau fonctionnant au ralenti, ce à quoi elle est destinée, je veux m'interposer, mais il est déjà trop tard. Je suis écœuré de sang, de bêtes mortes, de soif et de chaleur. Sur moi, contre ma peau, je porte encore l'odeur des chameaux morts suant contre la guerba. Odeur qui s'est mélangée à ma propre sueur quand, par la suite, je portais moi-même la guerba sur mes épaules. Et je crois que je la sentirai encore quelques jours.

AKLÉ

Je resterai quatre jours chez Mohammed Sheikh. C'est un brave homme n'ayant que son titre honorifique... et quelques chèvres dont une de moins. C'est normal, il réside à côté du puits. Les autres ont de riches troupeaux éparpillés en brousse. Quatre jours à me remettre péniblement. A chercher des chameaux corrects près du puits et à discuter avec les Kounta des environs venus à la tente du chef pour voir ce nasrani arrivant de leur inconnu, de l'aklé Aouana. A quel prix ?

Ils sont aussi curieux de ma vie que moi de leurs marques de bétail distinctives, de leurs fractions respectives. Un détail : tous pratiquent une incision sur la lèvre supérieure de leurs chameaux. Comme une moustache. En souvenir des Français et de De Gaulle. La vie s'écoule, paisible, rythmée par de petites querelles de clocher. Tel Kounta noir a volé deux poignées de grain à la femme du chef. Ou bien l'on encourage la femme du même à discuter avec le nasrani pour voir comment il fonctionne sur ce plan-là. Chaque jour, le chef doit préparer un repas pour ses hôtes, curieux accourus. Étant entendu qu'il y a parmi eux nombre d'opportunistes.

Mais de chameaux, nenni. Il y a bien sûr de nombreux chameaux venus s'abreuver au puits. Mais quelconques. Rien de comparable avec le chameau blanc de Brahim, reparti la nuit même à son campement. Finalement, on me montre un vieux chameau initialement blanc, devenu jaune avec l'âge. Ses dents sont complètes, donc il a au moins douze ans. En fait, il en a bien le double, peut-être même plus. Ses canines sont limées, usées par la rumination. Sa peau est mince et fragile comme du parchemin. Mais c'est le seul qui soit vendable. Je l'achète, pour me dépanner. Du coup, il faudra faire le détour par Nema, cent kilomètres au sud de Oualata, à trois jours d'ici. Pour le revendre et acheter deux autres bêtes, qu'on ne trouverait peut-être pas à Oualata. Petit détail lors de la transaction : je n'ai pas d'argent mauritanien, introuvable hors de Mauritanie. Son ancien propriétaire m'accompagnera donc sur Nema, afin de changer son argent. Accord conclu. Nous partirons le lendemain avec son vieux père qui doit aller se faire soigner à l'hôpital de Nema.

Le jour dit, en fin d'après-midi, la petite caravane enfin formée s'ébranle vers l'ouest. Cinq bêtes dont trois sont montées. Sid Ahmed, ainsi se nomme-t-il, est un Kounta à la peau claire, vêtu d'une gellabieh courte bleue fendue entièrement sur le côté, ce qui permet des mouvements amples, mais laisse par moments entrevoir ses fesses. Ce qui, d'ailleurs, ne dérange absolument personne. Son père, vieux, maigre et rachitique, petite barbe blanche et lunettes de lettré coranique, monte encore très bien en selle malgré son âge. La caravane entame sa progression... pour stopper deux heures plus tard seulement. Motif : un campement de leur connaissance à visiter. Oh! la, la! à ce rythme nous ne sommes pas près d'y arriver. Nos hôtes égorgent un beau mouton, auquel je touche à peine. Et offrent du lait de chamelle à profusion. J'espère que nous rattraperons notre retard le jour suivant. Or, pas du tout. A 10 heures du matin, nouvelle étape à un autre campement. Et quelques heures de route en fin de journée. Bilan : trente-cinq kilomètres en deux jours. A ce rythme, il faudra une semaine pour couvrir la distance que j'effectuerais seul en trois jours.

A chaque fois que mon vieux chameau trotte, je surprends les regards étonnés du fils et de son père. Ils s'attendent visiblement à le voir s'effondrer, ou tout au moins à traîner vu son âge, et s'étonnent de sa vigueur. Pour finir, le soir, ils sollicitent ma nourriture alors que je n'ai presque plus rien et que leurs sacoches sont pleines. Ma décision est prise. A l'aube, j'annonce à Sid Ahmed que je poursuis seul, que le désert est grand, que son chameau est une lope hors de prix et que, lui, je ne l'aime pas. Surprise pour celui qui, visiblement, pensait jouer les « guides » pour nasrani. Incrédulité. Puis sursaut : « Mais tu ne vas pas nous abandonner seuls dans le désert ? » Amusante situation. D'habitude, ce sont plutôt les nomades qui abandonnent les Blancs dans le désert. Enfin c'est ce que j'ai toujours lu dans les livres. Sans écouter davantage ses supplications – nous cheminerons avec ses réserves, nous prendrons de son eau, il mettra la viande donnée par le premier campement en commun –, je dévie délibérément ma route de quelques degrés pour mettre un peu de champ entre lui et moi. Quelques centaines de mètres plus loin, il abandonne et revient sur ses pas annoncer la nouvelle à son père. Si se déplacer en groupe est une habitude pour les éleveurs, pour moi c'est un supplice. Je regoûte avec plaisir à la solitude, joie incomplète du fait de la médiocre qualité de mon unique monture. Il faudra beaucoup marcher pour ne pas trop lui en demander, à celui-là.

Alentour brousse sahélienne type. Des champs de « hâd », des acacias, des arbres à suc gras... Je déteste ce type de terrain. Agadez et Nema sont les deux points les plus méridionaux de ma traversée. Justifiés uniquement pour l'achat de nouvelles montures. Sitôt fait, je remonterai tout de suite au nord, dans le désert proprement dit. Le Sahel est ambigu, car, s'il y a de la verdure, celle-ci n'est pas toujours comestible pour les bêtes et souvent de piètre qualité. De plus, si la végétation apparaît, cela ne signifie pas pour autant présence d'eau. Les nombreux nomades sahéliens morts de soif suffiraient à le prouver. Mais d'ici Nema, c'est une formalité à accomplir. Un peu comme remplir une déclaration d'impôts. Et, enfin, le 1er mai, j'arrive dans la petite ville de Nema endormie par la sieste de la mi-journée. Après avoir dévalé la falaise du Dâhr juste avant les premiers murs.

Je connais Nema, tout comme je connaissais chacun de mes points de chute précédents. Des maisons de moellons et de pierres entassées noires, parfois des arches brisées de style arabe. Un petit marché central avec des échoppes en tôle ondulée et un oued qu'on appelle le « batha » qui scinde la ville en deux. La rare vie des ruelles de cette mi-journée s'arrête complètement à la vue de ce Blanc accompagné d'un chameau jaune plus vieux que lui. D'où vient-il ? Mystère. Pas de très loin, certainement. En cette saison, on ne se déplace donc plus. La plupart des habitants de Nema sont des sédentaires maures qui ne comprennent rien à l'élevage et à la transhumance. Les plus riches se laissent garder leurs troupeaux de chamelles – pour le lait qu'on appelle du « zrig » – au haut de la falaise du Dâhr qui surplombe Nema. Premier relief depuis l'Algérie.

Cette dénivellation m'accompagnera plus ou moins jusqu'à Tidjikja, à près de six cents kilomètres d'ici.

J'ai deux choses à faire à Nema avant de remonter le plus vite possible au nord. Trouver de nouvelles montures. Et téléphoner chez moi, si c'est possible. Mon père doit en effet me rejoindre pour m'épauler pendant les tout derniers jours avant l'océan. Cette arrivée, j'avais promis de la lui faire partager, pour tous les efforts qu'il avait dû faire pour moi en mon absence. Je n'ai pu donner aucune nouvelle depuis Agadez, étant enfoncé profondément dans le désert depuis des mois. A présent, je me rends compte de ma folie. Dans cette immensité, n'importe quoi peut vous arriver n'importe où et personne ne saura jamais ce qui vous est survenu, cadavre séché et momifié perdu dans les sables de l'aklé ou posé sur le reg du Lemriyé. Direction la poste.

C'est là que la nouvelle tombe, terrible. Mon père est mort, des lentes suites d'un accident à skis. Hémorragie cérébrale. J'apprends la nouvelle deux mois après son décès. Je n'en peux plus de cadavres, de souffrance et de douleur, à jongler constamment sur la corde raide séparant la vie de la mort.

Me viennent en mémoire les derniers moments que j'ai passés avec mon père, bivouacs furtifs contre les dunes du Ténéré. J'ai oublié les lieux. Mais je me rappellerai toujours la pudeur avec laquelle nous parlions de choses et d'autres. Il me décrivait, comprenait que je me caparaçonne contre mes semblables. Je lui parlais de Sylvie. Il écoutait, ne disait rien. Puis il me parlait de ma mère. Et il disait qu'il l'aimait beaucoup. Qu'il avait beaucoup de chance de l'avoir. Je lui avais communiqué cette passion du désert. Il ne rêvait que d'une chose : y emmener sa femme. Et c'était moi qui devais le modérer.

Il me parlait des nuits blanches qu'il avait passées à trembler pour moi, de ma folie, de la haine des hommes. Toutes ces choses qui m'écorchent la gueule si je dois les exprimer. Et qu'il disait à ma place. Et là où nous étions, il se rendait bien compte que tout pouvait arriver n'importe quand.

Arrêter ? A quoi cela servirait-il ? Je « ne peux pas », au

sens littéral du terme. J'aime trop le désert. Continuer? En cette saison, ces espaces sont trop inhumains. Il me vient furieusement l'envie de traverser le Djouf, au nord. Pour rien, comme cela, pour me laisser glisser dans les sables et m'y perdre. Au moins, trouver une issue. Je regrette amèrement de ne pas être passé par Taoudeni au nord d'Araouane. Mais on ne peut accumuler « toutes » les difficultés. Celle-là aurait été peut-être la dernière et quel plus beau linceul que les sables du Djouf au mois de mai! Un mois plus tôt seulement, mes chances auraient été plus raisonnables. Moins d'intérêt aussi. A l'évocation de ces pensées, je me rends compte de ma totale perturbation. Il faut boucler cette transsaharienne démente, arriver à la mer, terrasser une bonne fois ce désert, le plus grand du monde. Ou plutôt m'y faufiler humblement maintenant, en lui demandant pardon de l'avoir vaincu. S'il m'a laissé passer, c'est parce qu'il l'a bien voulu.

Je descends dans le « batha » sableux. Quelques bêtes décharnées seulement. Pas d'éleveurs, mais uniquement des revendeurs arabes sédentaires, qui essaient de me vanter les mérites des montures présentes. Sourire las, presque désolé : inutile de faire un show. Je veux deux bêtes normales, simplement, et je sais ce que j'ai à faire pour les choisir. Nema est un grand centre d'élevage, mais d'élevage de chameaux sahéliens. Lorsque leur engraissement est optimal, ils sont chargés sur des camions et prennent la route du marché à chameaux de boucherie de Nouakchott, la capitale. Pas de sensiblerie. Les Maures ont trouvé cet équilibre qui convient à tous. Mais pour ce qui est des chameaux de selle... Un animal correct. Un chameau roux venu du nord, du côté de Hassi Fouini. Une belle robe rase et brillante faisant jouer ses muscles puissants. Bosse moyenne, mais impression générale bonne. Je lui soulève la queue. Problème : je crois qu'il n'est pas castré. Il a encore ses deux testicules gros comme des melons. Les Maures, tout comme les Toubous, ne pratiquent pas l'ablation des testicules au couteau comme les Touaregs. Ils éclatent simplement le spermiducte. Cela se remarque au toucher. Il faut palper. Or celui-ci a priori... Vu son caractère, j'en ai bien l'impression. Il se montre agressif quoique n'étant pas en rut. Il tente de mordre et je lui mets aussitôt une claque dans la gueule. Du coup, je le prends. J'aime cela, de toute manière, les chameaux un peu vifs. Au moins, on a quelque chose à échanger, et chevaucher une bête nerveuse est un plaisir. Mais les bêtes sont chères en Mauritanie. Environ cinq mille francs.

Comme j'ai payé celle-ci rubis sur l'ongle, le prix normal d'ailleurs, on me présente une autre bête qu'on a été chercher à un autre endroit, plus en amont du batha. Surprise, c'est un « imelik », un chameau de race touarègue. Blanc. Que fait-il ici ? Je m'approche, aussitôt intéressé. Il a une marque kounta sous l'oreille, donc c'est un chameau né au sud du Lemriyé au Mali. Mais il a en plus une marque en forme de V sur le flanc gauche qui prouve qu'il a été élevé par la suite – ou razzié – par des Reguibats. Un très bon mélange. La bête me paraît un peu fatiguée, mais ses origines me décident et elle a quelque chose qui me rappelle mon chameau touareg nigérien mort dans l'aklé. Cinq jours que je suis à arpenter le batha de long en large. C'est trop. Je partirai demain. D'autant que la saison des pluies commence par ici. Des nuages lourds s'amoncellent, venant du sud, ajoutant la moiteur à cette chaleur d'été. Caractéristique des climats sahéliens. Le retour vers le désert devient une urgence.

Le lendemain, 7 mai, je lance mes bêtes au trot pour retrouver au plus vite un air sec. La falaise à l'est me sert de repère. Aucun problème de navigation. Aucun problème de puits non plus. La carte indique de nombreux points d'eau tout au long des Dâhr Nema, Oualata et Tichitt. Le seul problème vient des dunes extrêmement mobiles dont il faut parfois franchir les cordons très raides et très abrupts. J'ai opté pour une route très directe par le nord, par Tiguiguil et non par Oualata. Je ne vois pas ce qu'une ville peut m'apporter. Je connais déjà celle-ci, et j'ai farine, dattes et lait en poudre. Par contre, je ne connais pas les aklés au large des escarpements. Je me fais l'effet d'un navire cabotant le long d'une côte découpée. Avec ses vagues de sable plus ou moins hautes loin du bord et sa zone de calme plat sous la falaise. Avec, parfois, des écueils rocheux émergeant de l'océan ocre.

Les puits se succèdent : Tiguiguil, Hassi Fouini (d'où est originaire mon chameau roux que je désigne comme chameau de bât), puis Ayoun el-Kohl, Tagouraret... A chaque puits, des éleveurs dont le seul travail consiste à puiser. Les bêtes s'égaillent en groupes par affinités. Parfois un mâle et ses femelles. Parfois une chamelle et son chamelon. Tous reviennent d'eux-mêmes tous les quatre, cinq, six jours pour étancher leur soif durant cette période torride. Cela permet également à l'éleveur de comptabiliser son troupeau, d'apposer les marques au fer rouge, de retrouver des connaissances... A chaque fois, salutations, bonne humeur et question : a-t-il plu au sud ? Quand arrivera l'orage tant attendu qui reverdira ce désert craquelé ? Les Maures sont au moins d'honnêtes éleveurs, à défaut d'être de grands chameliers sahariens, comme les Reguibats. Quoique même les Reguibats ne soient pas toujours ce que l'on croit.

Arrivée au puits d'Aratane très tôt dans la matinée du 13 mai. Quelques tentes de Reguibats à proximité. Une demi-douzaine de personnes à discuter sur leurs talons, à attendre les premières bêtes de la journée. C'est « leur » puits. Est-ce que j'ai du thé, du sucre ? C'est la première fois qu'on me demande quelque chose pour puiser mon eau. Mais je mets cela sur le compte d'une petite tentative médiocre sans y attacher grande importance. Je n'ai plus d'états d'âme. Lorsque je rencontre quelqu'un, je salue... simplement. Et mon fusil pend toujours le long de ma selle. Alors que j'aurais été incapable de toucher une mouche, je sais à présent que je suis capable de tuer quelqu'un au moindre doute. Comme une bête. Par instinct de survie.

Aratane, c'est le Sahara. S'il n'y avait la protection omniprésente de la falaise du Dâhr, le désert serait total. Les traces de végétation ne doivent pas abuser. Le désert mauritanien, s'il est parfois arbustif à l'approche des basses pressions atlantiques, n'en est pas moins difficile et dangereux. Certains passages de dunes mouvantes et abruptes le rappellent constamment. Tant que n'apparaîtra pas la mer, rien n'est joué. Un passage m'inquiète d'ores et déjà : l'« aouaker » séparant le Tagant, aux environs de Tidjikja, de la cuvette de Dghamcha qui donne sur la mer. Les chameaux boivent tellement, et ce pratiquement à chaque puits, tous les jours, qu'un dernier tronçon difficile me préoccupe grandement.

Près du puits de Tinigart, je suis frappé par la puissance d'un chameau immense. Évidemment, si je possédais celui-là... Il attendait son tour d'abreuvage, mais, pour qu'il ne sème pas la panique dans le troupeau, il est solidement entravé à l'écart, antérieurs et postérieurs liés par une cordelette, mâchoire fermée par une sorte de muselière. Malgré cela, il se débat, bête énorme, cinquante centimètres de plus au garrot que la moyenne, muscles saillants, bosse volumineuse. Un mâle reproducteur. Des heures plus tard, en route vers Bou Dhib, le voilà abreuvé qui fonce sur moi, comme un mastodonte lancé dans sa charge. Au pas, mais chaque enjambée le déplace à une vitesse double de celle de n'importe quel animal. La bosse tremble sur son dos. Deux autres bêtes le suivent de loin en quinconce. Ses femelles. Impressionnant. Je me saisis du fusil et fais sauter le cran de sûreté. Les non-castrés en rut sont dangereux. Le chameau roux laisse entendre un son sourd de gorge inconnu, avertissement entre mâles. Le tracé du monstre ne se modifie pas d'un pouce, rectiligne. La bête est lancée. Puis, comme dans un ballet, nous croisons nos routes à quelques mètres. J'étais sur sa trajectoire, simplement. Ah, bon ! Un peu nerveusement, je souris d'une grimace, avant de ranger mon arme. Je saute à bas de ma selle pour poursuivre à pied, c'est l'heure de marcher.

Les étapes se suivent : Touijinet, encore des Reguibats mais noirs cette fois, puis Arhijit, petit village fortifié avec des Oulled Ballah... Akhoueit avec ses rares nomades Nemadi... Les nemadi sont certainement les meilleurs nomades sahariens, et parmi les plus anciens habitants du désert. Leurs techniques n'ont guère évolué depuis la préhistoire. Encore aujourd'hui, ils chassent des troupeaux d'addax ou des gazelles à la limite de l'aklé, aidés par des chiens, les rabattant vers des filets successifs fermant des couloirs de dunes. Il n'en reste que quelques familles près de Tichitt ou de Oualata, à l'écart de ces centres. Mais, avant la fin de cette génération, ils auront probablement disparu, noyés par la vague de sédentarité et de consommation. De plus, le gibier devient très rare. Amusant comme ils se font dénigrer par les nomades moins nomades qu'eux qui les accusent de tous les maux. Vols de chameaux, en outre, comme les vols de poules chez les paysans d'autres contrées.

Tichitt, le 14 mai. Site magnifique. Des maisons de pierres noires juchées sur un petit mamelon entre la falaise du Dâhr Tichitt et une mer de sable majestueuse. Mais peuplement de sédentaires chérifiens blancs et d'anciens harratins noirs. Première personne rencontrée, le caïd : combien vais-je payer la nuit ? La même atmosphère qu'à Fachi, au cœur du Ténéré. Une étape, simplement, où les nomades n'ont pas leur place. Et où toute nourriture se paie au poids de l'or. Comment peut-on abandonner ses chameaux pour une telle vie de paria ? Digression totale.

Les étapes reprennent au gré des puits sous la canicule : Zig, puits comblé ; puis Ganeb, petite palmeraie sauvage où je détecte parfois du sable humide sous mes pieds nus ; Lekcheb, petit village en cours de construction ; El-Khouba...

Arrivé près de Tidjikja, j'ai très peu envie de côtoyer des gens, une foule, des gosses, attirés par ma petite caravane. Je fais donc un large détour pour éviter la palmeraie et la petite ville. J'ai tout ce dont j'ai besoin, pour une fois, autrement dit de la farine et des dattes. Et on m'a informé que les gendarmes attendaient mon arrivée. Exactement ce qu'il ne fallait pas me dire. Contournement d'office par la rocade sud.

Tidjikja est situé sur le plateau du Tagant. En fait, on ne se rend pas du tout compte d'un quelconque relief. Le sol toutefois est parsemé de nombreux petits cailloux noirs, plaie pour les soles à nouveau usées de mes chameaux. Le chameau blanc, surtout, trébuche tous les trois pas. Impossible de le changer, je n'ai presque plus d'argent pour en acheter un autre.

Et c'est toujours le même problème : si des éleveurs voient que vous en avez vraiment besoin, ils vont vous en doubler le prix de vente en brousse. Alors que, deux semaines plus tard, ils sont capables de vendre la même bête à perte au marché, pour acheter de la farine ou du mil et revenir plus vite en brousse.

C'est la vie. Il faut donc marcher plus. Chaque fois que le terrain est caillouteux, chaque fois qu'il est accidenté... autant dire très souvent. J'augmente encore mes traites avec les journées d'été qui se prolongent plus tard le soir. Les douze heures de marche quotidienne sont gonflées en treize, voire quatorze heures d'affilée.

La chaleur devient littéralement torride, étouffante. Au fil des fuseaux horaires, me déplaçant vers l'ouest depuis la mer Rouge, j'ai dû constamment modifier l'heure de ma montre. Mais, tous les jours, le rythme est immuable : lever une heure avant l'aube, marche ininterrompue et arrêt lorsque la boule de feu du soleil touche l'horizon. Je déteste naviguer de nuit, ce qui conviendrait peut-être mieux à la saison, mais l'orientation et les obstacles naturels posent problème et ce serait introduire un risque supplémentaire. Sur le reg plat, il n'y aurait pas ce problème.

Après un dernier puits, le puits de Nouâchid, je débouche du plateau du Tagant sur un fleuve de sable : le Khâtt. C'est une vallée fossile aux dunes extrêmement meubles et mobiles, un torrent d'écume lumineuse où la réverbération est totale. On en aperçoit l'autre versant plus loin, rive formée de dunes énormes, crêt géant. Tamassoumit est derrière, dernier puits avant Bou Naga. Après Bou Naga, c'est une autre mer de sable immense jusqu'à la route d'Akjoujt. Après, la délivrance, le plat jusqu'à la mer. Mais d'ici là...

La vue de la carte me laisse morose : elle est jaune de sable. Je bute contre le dernier obstacle majeur, un obstacle mou, fuyant, incontrôlable, inconnu. Aucun des nomades interrogés au Tagant ne connaît cette région qu'ils qualifient d'« aouker », désert désertique. Ceux du Tagant connaissent le Tagant, ceux de l'Inchîr – l'autre côté – connaissent l'Inchîr. Personne ne circule entre les deux, ou alors on passe bien au nord par l'Adrar mauritanien ou au sud vers la route asphaltée de Boutilimit. Je ne pensais pas avoir une telle difficulté si près de Nouakchott et de la mer. Et, de plus, je suis encore choqué du drame qui s'est joué dans l'aklé mauritano-malien.

Aussi, c'est avec une grande circonspection, une certaine moue dégoûtée inscrite sur mon visage, que j'aborde les petites dunes hachées du Khâtt. Elles sont molles, très molles et brûlantes. La chaleur a encore augmenté, si c'est possible. Dans les passages les plus mous, j'enfonce jusqu'aux chevilles, hurlant de douleur sous la morsure. Si mes pieds n'avaient été recouverts de corne, ils seraient constellés de cloques de brûlure. Ils sont rouge vif. Bon Dieu, où cela va-t-il me conduire?

La journée va se poursuivre ainsi jusqu'à un massif que j'aperçois à l'ouest, île perdue au milieu des sables dont je me rapproche péniblement, marin à la dérive recherchant un récif ferme. Oui, c'est bien Om-Ech-Chegâg. En contournant les roches noires, je devrais normalement déboucher sur Tamassoumit. On m'a assuré qu'il y avait de l'eau, même un petit poste administratif. J'ai du mal à le croire à présent. Nous verrons bien. Je n'ai pas rempli les guerbas outre mesure pour ne pas surcharger les bêtes inutilement. Par contre, il faudra tout remplir à Tamassoumit.

La nuit, comme la chaleur lourde baisse peu, j'ai du mal à trouver le sommeil dans cette étuve. Je surveille toujours les chameaux et me lève constamment pour boire plusieurs fois par nuit, piètre repos entrecoupé de cauchemars de chameaux morts aux yeux rouges de mutants et de Toubou m'appuyant une arme contre la tempe dans un sous-sol de N'Djamena. Chaque fois, je m'éveille en sursaut, et ce que je vois alentour n'est pas pour me rassurer.

Durant l'hiver, les nuits étaient fraîches, agréables... L'écart des températures reste le même, mais, au lieu d'une journée simplement chaude et d'une nuit fraîche, j'ai droit à une journée torride suivie d'une nuit chaude. La saison la pire est celle-ci; avant la saison des pluies sahélienne, lorsque indistinctement la pression atmosphérique chute, la pesanteur est plus lourde, l'air plus dense. La transpiration tempère moins bien le corps. La fatigue s'accumule. La récupération se fait plus difficile.

La nuit je place toujours un quart plein d'eau à portée de la main. Je m'y lave même parfois les mains avant d'en boire, par économie. Parfois j'y trempe mes doigts afin d'humidifier mon visage. L'eau est chaude, brûlante, lorsqu'elle est tirée des outres. Puis, après quelque temps, un très léger souffle circulant à la surface du liquide, la température diminue. Enfin vers minuit, elle est fraîche. Le seul moyen de boire un liquide de moins de 50 °C.

Et toujours ces cauchemars dus à la fatigue, à la chaleur. Je reste éveillé souvent des heures entières, n'arrivant pas à trouver le sommeil, ou préférant rester allongé torse nu à me faire caresser la poitrine par un air tiède, plutôt que de sombrer de nouveau dans des visions de mines éclatant sous le ventre des chameaux. Parfois, en dormant, j'arrive à imaginer l'odeur tenace de sueur forte des chameaux épuisés. J'essaie au moins d'installer mes bivouacs dans des zones de bons pâturages. C'est pratiquement la meilleure garantie de survie : donner envie le plus possible aux bêtes de s'alimenter. Quand elles ont durement escaladé dune sur dune, leur appétit a besoin d'être stimulé par quelques belles touffes d'acheb. Parfois, je leur fourre moi-même un brin directement dans la gueule. Les voir brouter me rassure sensiblement. Or, elles broutent de moins en moins.

Le lendemain, en fin de matinée, j'arrive à proximité de Tamassoumit. Poste administratif ? Certainement pas. J'aperçois seulement un vieux bordj en ruine aux ouvertures béantes au ras de la falaise. Le puits devrait être à un kilomètre au sud. Je vais voir. Je débouche dans une vallée étroite cernée d'éboulis et parsemée de quelques acacias. Le puits est fréquenté : trois nomades maures avec deux troupeaux distincts. Des chèvres uniquement, avachies à l'ombre maigre. Pas beaucoup d'activité. Que se passe-t-il ? Il n'y a presque plus d'eau. Je me penche par-dessus la margelle du puits bétonné. Une simple flaque gît au fond du conduit, ne suffisant pas à immerger un « delou ». Trois autres petits puits artisanaux sont dans le même état. Les nomades attendent simplement que l'eau se régénère au fond des « bîr », alternant les puisées à l'un ou l'autre. Il faudra peut-être une journée par troupeau, sans compter les gerbas et les fûts à remplir avant d'être ramenés au campement. Les nomades auprès desquels je m'enquiers de la situation ne sont pas particulièrement heureux de me voir débouler avec mes deux chameaux assoiffés et mes outres presque flasques. D'après ce que je comprends, ils viennent de trois campements distincts, éleveurs dépendant du canton du Tagant. Il faudra bien trois jours pour les abreuver tous et, coutume oblige, il faudra que j'attende mon tour. En Mauritanie, c'est la règle, je le sais. Personne ne peut vous interdire l'accès à un puits mais le premier arrivé se sert. Et les autres à la suite suivant leur ordre d'arrivée, chacun venant avec sa corde, sa poulie et son delou. Rien à faire.

J'interroge le plus vieux d'entre eux, un Maure à barbe blanche qui me rappelle confusément, il y a très longtemps, le guide kebabish des contrebandiers de chameaux au caravansérail d'Ahmed en Égypte. Que fait-il là ? Est-ce lui ? Les mêmes yeux perçants habitués à fixer l'horizon, le même ton calme et mesuré envers le nasrani. Impression très étrange, qui me fait perdre toute notion d'espace et de temps. Je m'entends même évoquer un maraboutage ou une sorcellerie quelconque. Comment se fait-il ?... Et toujours ce regard perçant qui vous sonde sans vous regarder.

« Oui, me dit-il, il y a de l'eau à Bou Naga. *Beïdane!*

— Quoi, *beïdane? Beïdane,* c'est blanc en hassanya. Il y a *beïdane?* Il y a des Blancs? Combien?

— Trois. »

C'est cela que je voulais savoir depuis quelques jours. Ma carte indique un point au milieu de l'aouker, Bou Naga. Signalé comme une mine de métaux rares. S'il y a des Blancs, il y a de l'eau. Et s'il y a de l'eau, à mi-chemin, le franchissement de l'aouker est possible. Très bien, je remercie le vieux et décide de faire l'impasse sur l'eau de Tamassoumit. Bou Naga est à deux jours de marche et j'ai encore une quarantaine de litres. Les chameaux ont bu l'avant-veille au soir, à

Nouâchid. Allons-y. Les deux autres nomades lèvent à peine la tête à mon départ. Il est évident que cela les arrange. *Salam!*

Essayer de repérer les zones de dunes sur la carte pour les éviter est une mauvaise formule. La carte est fausse. Les crêtes se forment et se déforment. Certains amoncellements sauvages sont vraiment vertigineux. Personne par ici, c'est évident. Personne ne peut vivre là. C'est un no man's land, une barrière presque infranchissable, surtout en cette saison. A perte de vue, un moutonnement dantesque. A la mi-journée, la réverbération est totale et les dénivelés sont trompeurs. Le soir, seulement, le décor ondulé s'humanise avec ses dégradés, ses couleurs de sable blanc, rouge et rose et ses reliefs en négatif des ombres qui s'étalent au gré du crépuscule.

Je déteste l'aklé. Et j'ai toutes les raisons de le détester. Hormis de très mauvais souvenirs, il faut se surpasser constamment, se débattre dans le sable mou des méandres sans suite, essayer de deviner, d'anticiper une route dans ce fouillis inextricable. Et, par-dessus tout, souffrir. Les grandes étendues désolées de l'Ash Shimaliya forment un souvenir lointain. J'aimais ces espaces. La marche était aisée, malgré la sauvagerie du lieu. Ici, je suis non seulement frustré par les touffes de hâd qui parsèment et déflorent le sable vierge, mais également surpris de l'hostilité passive du milieu si près de l'océan.

Le jour suivant, les bêtes s'effondrent dans ce chaos, pattes brûlées. Le sable chauffé à blanc irradie à travers la sole cornée. Quelques coups pour les relever, absolument. Le cauchemar recommence. J'ai un bref répit lorsque je débouche enfin sur de grands couloirs de dunes orientés nord-sud. Le cheminement dans les couloirs est aisé, mais il faut malgré tout chevaucher plusieurs fois les crêtes sableuses en biais d'une vallée sur l'autre. Car je dois me diriger vers le nord-ouest, et non vers le nord.

Le surlendemain de mon départ de Tamassoumit, si tout va bien, je devrais parvenir à Bou Naga. Dès l'aube, j'escalade une dune monumentale pour appréhender la route des prochaines heures. Spectacle démoralisant : un moutonnement incessant à perte de vue. J'ai de toute manière atteint le point de non-retour. Il est impossible de retourner sur Tamassoumit, les chameaux n'y survivraient pas. Et les montées harassantes reprennent, succédant aux descentes quasi verticales. J'espère que le vieux Maure ne m'a pas menti, sinon je suis séché à cent pour cent. Mais comment une mine peut-elle être exploitée dans cet endroit ? Par avion, peut-être. J'ai en effet repéré un balisage sommaire à Bou Naga sur ma carte. Ou bien par camion le long d'un couloir immense, l'Aftout Faï, qui conduit vers le sud-ouest. Autant d'interrogations qui ne trouveront de réponses que sur place. J'imagine déjà la tête des techniciens occidentaux à la vue de ce « nomade blanc ». Encore faut-il y parvenir. Les sables deviennent un peu moins denses, les dunes moins hautes, moins inextricables. Elles sont toujours aussi raides et hachées, mais, par endroits, on trouve entre elles des portions de sol neutre et plat. Je crois que j'en sors enfin. Je vise de loin en loin des îlots cailloux émergeant du sable. Le paysage se libère, mais les chameaux trébuchent sur chaque pierre.

Enfin, je débouche sur l'Aftout Faï, une dépression gigantesque orientée directement vers Nouakchott, encore à près de quatre cents kilomètres. Le site est spectaculaire, démesuré. Une cuvette cernée de petits pics découpés. Le tout entouré par le sable omniprésent. Bel endroit pour un mineur. Je m'approche du site des galeries. J'essaie de tendre l'oreille pour entendre un quelconque ronflement. Voilà la piste d'atterrissage sommairement matérialisée dans la cuvette. La mine est à quelques pas à gauche. Je détecte à l'horizon, au moyen des jumelles, une forme étrangère au désert minéral : un réservoir ou quelque chose de cet ordre. Je m'approche. Au fur et à mesure de mon avancée, ma gorge se noue. Je sens comme un frisson me parcourir l'échine. Arrivé sur les lieux, je suis bien forcé de me rendre à l'évidence. La mine est désaffectée depuis des années. Le soubassement bétonné d'un bâtiment rasé, deux citernes noires volumineuses couchées à terre, les montants d'un préau écroulé. C'est tout. Je baraque les deux bêtes pour escalader et sonder les citernes, ouvrir les pavillons : vides. En sautant pieds nus du haut de la citerne à terre, un vertige me prend devant cette situation critique. Les explications du vieux de Tamassoumit, c'était du meurtre pur.

Vite ! la carte. J'ai moins de dix litres d'eau brûlante dans mes outres. Très, très critique. Je m'affole un peu en déballant les cartes. Les chameaux, eux, ne comprennent visiblement rien, attendant le moment de l'abreuvage. Puisque je les baraque à la mi-journée, c'est pour les abreuver.

Quelques chameaux sauvages aperçus en périphérie de l'Aftout Faï me laissent présager qu'il y a de l'eau quelque part. A moins de trois jours de marche dans une direction quelconque. Une belle jambe. Il y a bien Aguilal Faï ou peut-être un autre petit puits indiqué bizarrement. Au moins trois jours de marche vers le sud-ouest. Avec dix litres ? Ou bien vers le nord-est, rejoindre l'Adrar mauritanien et peut-être Nterguent. J'hésite. De toute façon, la situation est désespérée. Sans réfléchir davantage, je prends la direction d'Aguilal Faï en suivant le couloir de dunes monumental.

Trois heures plus tard, en voulant consulter ma carte, je me rends compte qu'elle a disparu, échappée du trou béant de la poche de ma veste. Il est vrai que je suis en haillons depuis des semaines. Les coutures sautent, les tissus pourrissent sous la transpiration et s'effilochent. Inutile de poursuivre jusque-là. Sans la carte, je ne repérerai jamais l'emplacement exact d'un point d'eau. Je rebrousse chemin vers l'Adrar, cette fois. En longeant le mur de sable balisant le couloir de dunes. Si je ne trouve pas d'eau dans les quarante-huit heures, je suis mort.

La nuit commence à tomber, lentement. Je décide de poursuivre ma route toute la nuit, sachant qu'à présent chaque heure est comptée. A mon avis, demain soir déjà, je ne pourrai plus circuler, eau épuisée. Je sais, je sens que les choses vont très vite à partir du moment où le mental décroche. Même dans l'aklé Aouana, je ne me suis pas réellement senti « partir ». Là-bas, j'avais de l'eau. Ici, presque plus : cinq litres maintenant. J'ai bien dû boire cinq litres aujourd'hui. La carte m'indique deux oglats proches des premiers contreforts de l'Adrar, de l'autre côté de la mer de sable qui borde l'Aftout au nord. Mais s'ils sont comblés ? A mon avis, ils le sont. Presque tous les oglats rencontrés depuis un mois étaient comblés. On ne peut faire confiance pratiquement qu'aux puits stabilisés. Mais m'y rendre est pratiquemment la seule issue. A trente kilomètres. Derrière les dunes. La marche se poursuit, pénible.

Vers 11 heures du soir, je m'accorde un quart d'heure de repos, couché torse nu contre le sol tiède. Avant de repartir. J'économise chaque gorgée d'eau et, confusément, j'en ressens les effets sur mon psychisme et mon physique. Je sens que c'est la dernière nuit où je peux avoir une influence sur mon destin, où je peux circuler, essayer de me sauver. Sans eau, la volonté est comme un moteur sans transmission. Je sens que les chameaux en sont au même point. Mille petits signes me l'indiquent. Je commence à connaître ces bêtes pour leurs possibilités. Mais je connais également très bien leurs limites. Et en cette saison...

J'en suis toujours à naviguer au cap sur les étoiles. Je me rapproche péniblement du point d'eau le plus proche, mais confusément j'ai le sentiment de faire une erreur. De nombreux indices ne me confortent pas et j'ai l'impression diffuse de me fourvoyer. Auparavant, il y avait ces chameaux sauvages. Par ici, il y a bien des layons de bêtes, mais leur direction est étrange. Plus tôt, la texture des crottes indiquait que les bêtes avaient bu depuis peu. Une eau de « sebkha ». Une eau un peu pourrie si l'on en juge par l'étalement de ce qui devrait être de petites boulettes cylindriques. Le pâturage est moins brouté qu'auparavant. Et ce mur de sable qui s'étend, barrant l'horizon.

Cette fois, je me fie à mon instinct. Il est 2 heures du matin lorsque je rebrousse chemin vers l'emplacement de la mine. Pourquoi ? Je ne pourrais l'affirmer précisément. Une sourde intuition. Peut-être aussi une erreur fatale. L'avenir en jugera. Un avenir proche, qui ne dépassera peut-être pas vingt-quatre heures. Jusqu'à l'aube, j'alternerai dunes extravagantes et pierrailles pour rejoindre la cuvette d'Aftout Faï. Depuis quelques heures la lune s'est levée, presque ronde, et le décor m'apparaît net. Les dunes blanches se découpent, grises sur la roche sombre. Mes pieds nus tâtonnent à peine dans les champs d'éboulis denses. Mes talons ne sentent plus les aspérités de roche et je circule, uniquement vêtu du sarouel, la longe à la main.

L'aube nous surprend en bordure de la cuvette. Je marche donc depuis vingt-quatre heures sans interruption. J'ai très peu bu cette nuit, un litre peut-être. Il m'en reste deux. Dans quelques minutes, le soleil va s'élever, brûlant tout sur sa course hémisphérique. Peut-être ai-je fait une erreur en revenant vers ma mine désaffectée. Peut-être ne suis-je guidé que par un attrait vers un site encombré d'objets familiers : béton et ferraille tordue. Dès que j'y serai, je baraquerai mes bêtes pour la dernière fois, j'en égorgerai une d'abord pour récolter l'eau contenue dans sa panse, puis plus tard l'autre. J'enclencherai ma balise de détresse et j'ai peut-être une minuscule chance de m'en tirer s'ils font très vite. Au moins ils retrouveront le cadavre. J'aperçois une des deux citernes au loin. Bien, encore quelques centaines de mètres.

Je sacrifierai le chameau roux qui me semble à bout. Dès que j'aurai étalé mes affaires et trouvé un objet tranchant. Parce que, bien sûr, j'ai perdu mon couteau. J'imagine la boucherie. Le mieux à faire est de lui tirer une double décharge de fusil dans la gueule. Mais d'abord peut-être lui entailler l'artère fémorale pour sucer un peu de sang. Ensuite la décharge. Et après trouver un objet tranchant. Je pense à un couvercle de boîte de conserve. Il m'en reste en effet une. Ou bien l'éventrer avec une poutrelle métallique que j'avais vue traîner sur le site. Déjà, je cherche des yeux. Je suis à vingt mètres du soubassement bétonné. Dans une minute, je baraquerai mes bêtes ici et, immédiatement, je me mettrai à la tâche. Puis presser l'estomac dans mon chèche pour récolter le liquide stomacal. Je mélangerai cela aux deux litres restants. Dans quelques secondes... Machinalement, je tourne la tête. Miracle : une petite caravane de chameaux libres et deux hommes qui approchent en les rabattant, cinquante mètres sur ma gauche. Que font-ils là ? Eux me posent la même question. Mais pas le temps d'attendre la réponse, les chameaux se dispersent. Ils me font donc signe de les suivre. Je ne peux m'empêcher de questionner. « Y a-t-il de l'eau à l'oglat où je comptais me rendre cette nuit, à trente kilomètres derrière les dunes ? – *Mafish el Ma, oglat e Mus.* (Non, il n'y a plus d'eau. Comblé. »)

Il y a quelque chose d'inimaginable, d'inqualifiable. Qu'est-ce qui m'a fait rebrousser chemin, alors qu'il est certain que si j'avais poursuivi ma route, je n'aurais plus eu la force de revenir en arrière ? Mais alors où est le puits ?

« Hassi Beïdane. Khamsa Sah. » Voilà l'explication : il y a un puits qui s'appelle Hassi Beïdane, c'est-à-dire le puits blanc, à vingt kilomètres d'ici, non mentionné sur les cartes. Et, bien sûr, plus de Blancs à la mine. Je revois le visage du vieux Maure de Tamassoumit. Le même visage que le guide kebabish d'Abu Simbel. Il avait raison. C'est moi qui n'avais rien compris. Je sens malgré tout quelque chose de profondément surnaturel dans cette prémonition, sans vouloir pour autant creuser davantage. De toute manière, nous, les Blancs, n'y comprendrons jamais rien. Mais ne suis-je pas devenu aussi plus réceptif depuis tant de mois au contact du désert et de ses émanations ? Désabusée, mon ancienne fiancée africaine m'avait bien souhaité de sécher dans le désert, qu'elle y veillerait. Parole sans importance ? Peut-être, mais je me rends compte à quel point cette pensée me martèle par moments. Mon énergie farouche tend à s'émousser et je deviens un peu trop le jouet des éléments.

Il est midi. Les deux Maures stoppent et installent leur camp à l'abri d'un très maigre acacia. Les bêtes se réfugient aussitôt à l'ombre très relative des buissons de hâd. Je les observe enfin attentivement : l'un a la peau plutôt sombre. Mince, fluet, petite barbiche de djinn. L'autre est plus clair, très vif et leste. Tous deux ont une morphologie du désert. Taille réduite due à une nourriture très succincte, mais étonnamment adaptés. Ils sont là un peu par hasard, me disent-ils, car personne ne vient jamais ici. Je leur explique que, si mes bêtes ne boivent pas dès aujourd'hui, elles risquent de mourir très rapidement. Un bref coup d'œil leur confirme mon diagnostic. En effet. Ils m'annoncent que, de toute manière, eux doivent également se rendre à Hassi Beïdane. L'un m'accompagnera immédiatement. L'autre restera à garder les bêtes et les affaires. Entendu. Je selle à nouveau les bêtes épuisées et nous prenons la route du puits.

Après trois heures de marche continue au plus fort de la canicule, voilà que mon compagnon a subitement envie de presser le pas. Nous sommes à une heure du puits, m'annonce-t-il, c'est juste devant. Sans attendre de réponse, il cravache sa monture et disparaît au triple galop à l'horizon.

Un vent brûlant s'est levé, conjuguant chaleur torride et souffle sec, effaçant toutes traces. A l'abord des dunes où j'ai vu foncer le Maure et sa monture, je ne trouve plus qu'un tapis sableux vierge de la moindre marque. Je déambule à travers quelques escarpements dunaires, comme je l'ai fait toute cette nuit, sans détecter le moindre indice. Je n'ai plus une goutte d'eau et cette privation volontaire au cours des dernières heures se fait rudement sentir. Je pressens que je ne peux me permettre la moindre erreur. Je suis à deux doigts de décrocher, après trente-six heures de marche forcée d'affilée. Je peux très bien m'effondrer derrière un talus sableux. Inutile de compter sur mon compagnon, il ne prendra pas la peine de venir à ma recherche.

Je décide de revenir sur mes pas jusqu'au bivouac. Supplice pour mes bêtes et pour moi, si près du puits, mais je sais que c'est la seule issue. Les chameaux ne saisissent plus ces rondes insensées. Il faut les tirer violemment par leur anneau de nez, pesant de tout mon poids, éreintant mon épaule sur laquelle est passée la bride. Enfin, je débouche sur le petit bivouac et la couverture tendue par-dessus le minuscule acacia. J'avais bien peur de ne pas retrouver l'endroit. J'avale mes deux derniers litres d'eau.

L'autre revient une heure plus tard, étonné de me trouver là, mais pas du tout préoccupé. Il ramène malgré tout une guerba pleine que je m'empresse d'aller vider dans les naseaux des chameaux. Momentanément sauvés. De toute façon, ils doivent aller abreuver les bêtes au puits ce soir. Nous ferons à nouveau la route ensemble.

Départ de nuit, trajet éprouvant et, après des passages de

dunes, débouché sur une sebkha lumineuse, malgré l'obscurité. Le sol salé est blanc, presque phosphorescent. Aux derniers détours d'une dune, un feu de nomades, un autre méandre et apparaissent de nombreux chameaux baraqués ou debout. Toute une animation insoupçonnée. Des selles, des bêtes, des fûts. Premier geste : les chameaux. Les delous plongent simultanément dans les puits artisanaux. Les bras tractent les cordes faites de fibres végétales tressées. Des demi-fûts sont constamment remplis, aussitôt sucés par des babines assoiffées. Des coups de fouet qui claquent, séparant les bêtes. J'entrave mes chameaux enfin assouvis et je m'effondre à même le sol, épuisé. Après plus de quarante heures d'effort incessant.

Au matin, seulement, je fais connaissance. Ils sont quatre ou cinq à vivre dans des conditions très misérables. Mais pour quelques mois par an seulement. Ils puisent, ils puisent, ils puisent constamment. Les chameaux reviennent d'eux-mêmes, nécessitant à chaque fois d'être abreuvés. Du fait de l'absence de campement, cette région est intéressante pour son pâturage. Mais cette vie isolée est pour eux un réel bagne. Très bien payé toutefois : un chamelon par mois, ce qui représente une rémunération énorme. Ils la méritent. Il n'y a aucun arbre, aucune ombre à des kilomètres. Pas même une touffe d'herbe dans cette sebkha blanche au sol de saumure. L'eau, surtout, est salée au point qu'on a l'impression de boire de l'eau de mer. Tous en sont malades, hommes et bêtes, pour autant qu'on puisse en juger par les déjections. Les organismes supportent un tel régime à condition de ne manger que de la kesra (galette) et de l'eau. Tout ce qui est sucre ou lait provoque de graves dysenteries. Aussi, lors du cérémonial du thé, mes hôtes ne remplissent-ils qu'un petit fond de breuvage sucré, juste suffisant pour en savourer le goût. Les chamelles sont de toute manière trop sauvages pour qu'on puisse les traire.

Ce sont des gens aimables, conscients de leur peine mais satisfaits du rendement de leurs bêtes. Les chameaux sont superbes et qui d'autre d'ailleurs les abreuverait, puiseur patenté ou propriétaire ? Pourtant, je suis à nouveau renfermé :

pendant que j'errais près du puits la veille, l'un d'eux m'a volé mon argent dans mes bagages qu'il était censé garder. Le peu qui me restait. Je n'ai plus le moindre sou. Inutile d'essayer de le retrouver, il aura bien sûr poursuivi son errance avec ses chameaux. Ce geste étonne mes hôtes de Hassi Beïdane, mais... bon.

Autant m'occuper de mes chameaux, puisque c'est la seule richesse qui me reste. Maintenant qu'ils sont abreuvés – et je les ai encore abreuvés deux fois au cours de la matinée –, il faut absolument les laisser pâturer. Or, il n'y a rien ici, aucune touffe de hâd. Ahmed, un des Maures présents, m'offre une botte de zbad, qu'il destinait au coffrage de l'un ou l'autre des trois petits puits locaux. Cela suffira pour aujourd'hui, mais demain il faudra absolument repartir, sous peine de voir mes bêtes crever anémiées au bord du puits. Je n'ai pas récupéré, loin de là. Et il reste l'autre moitié de l'aouker jusqu'à Akjoujt. Après, il ne peut plus y avoir de difficulté insurmontable. Mais nous n'en sommes pas là. Au contraire, je commence à subir les effets d'une mauvaise ophtalmie due aux efforts redoublés des deux derniers jours. Le vent de sable ajouté à la réverbération totale et surtout la sueur qui coulait constamment dans mes yeux. En m'observant dans un petit miroir, je constate que mes pupilles ont doublé de volume. Comment cela va-t-il évoluer et est-ce seulement résorbable ? Mon visage m'effraie moi-même : peau cuivrée encadrée de cheveux presque blancs, deux fentes entrouvertes sur des yeux noirs, iris mangé par la pupille.

Question à l'entourage : quelqu'un peut-il m'accompagner vers Akjoujt, au moins jusqu'au débouché des dunes ? A cause des yeux. Réponse : personne. Personne pour rien au monde n'ira risquer sa vie en ce moment dans l'aouker. Eux attendront l'automne pour se rendre à Akjoujt, en groupe, avec la sécurité de toutes leurs bêtes. Inutile de surenchérir, je n'ai plus le moindre billet. La carte m'indique une succession de massifs dunaires, toujours orientés nord-est-sud-ouest, entrecoupés de couloirs de dunes. Les dernières dunes sont certainement les plus hautes : l'Amatlich. Comment vais-je pouvoir passer avec des bêtes épuisées ?

A 10 heures, la matinée du 30 mai, je suis en route depuis l'aube. Un premier cordon de dunes s'est laissé franchir sans trop de difficulté, le sable étant encore avec la « fraîcheur » relative dur et tiède. Il faut à présent choisir les passages les moins encombrés, les moins obstrués. Les nomades m'avaient prévenu : en prenant un cap direct, j'en ai pour trois jours de sable. Il faut observer. Observer ! Comment observer quand je me sens devenir aveugle d'heure en heure. J'ai beau entortiller mon chèche autour de mes lunettes fumées afin de ne laisser filtrer aucun rayon, rien n'y fait. Je sens ma vue se voiler. Je cligne des yeux, les écarquille. Le seul moyen consiste à avancer les doigts faiblement écartés devant mon visage, filtrant la luminosité. Tout est flou, embué. Je ne distingue plus les doigts de ma main tendue devant moi. Je n'arrive plus à les compter !

Je décide de m'arrêter dans un petit pâturage : au moins laisser les bêtes se nourrir. Elles s'écroulent sans brouter. Vingt minutes plus tard, nouveau départ. Si c'est cela, inutile de s'attarder. Je poursuis ma route ainsi, titubant, à moitié aveugle, perdu seul dans les dunes brûlantes. La journée est anormalement lourde et torride. L'après-midi, j'en ai l'explication. Un orage se prépare. Avec le soir et le ciel plombé, une semi-obscurité s'installe rapidement, accompagnée d'une brume laiteuse qui présage des événements.

Sans perdre de temps, je baraque les bêtes, le dos vers l'est, sachant que le vent soufflera de cette direction. Je desselle, arrime le moindre bout, dépose les sacs sur les couvertures et sur mes sandales de crainte qu'elles ne s'envolent. Juste à temps pour voir les éléments se déchaîner. Un vent terrible se lève, balayant tout sur son passage. Pas une goutte d'eau ici, mais des tonnes de grains de sable fouettés avec violence. Je protège mes yeux avant tout, tête emmaillotée entièrement par des linges. La tornade va durer une heure, peut-être deux. Enfin, je déroule le voile autour de ma face. Tout est recouvert d'une couche de quinze centimètres de sable. Et... ma carte a disparu, envolée. Merde. La totale : aveugle, sans carte, homme et bêtes épuisés, à deux jours au mieux de la sortie des dunes.

A l'aube, je reprends la marche. Ma vue va légèrement mieux, ou tout au moins je m'en persuade. Heureusement, j'ai parfaitement mémorisé la carte. Je consulte au moins une trentaine de fois par jour ce bout de papier chargé de signes et d'indications. C'est la seule lecture que je me sois permis depuis la mer Rouge. Pas de livre trop lourd, et quand trouverais-je le temps de lire, préoccupé en permanence par mes chameaux ? Donc, je lis mes cartes. Et leur lecture est d'ailleurs très édifiante. De mémoire, j'évalue les distances, les plats, les escarpements. Je modifie légèrement les caps, j'improvise. Aucun campement par ici, personne. Si les chameaux ne peinent pas dans les sables, ils trébuchent sur les cailloutis des surfaces plates. Médiocre alternative. J'approche, heure par heure, de la barrière finale, l'Amatlich.

J'y buterai deux jours plus tard, le 1er juin. Les dunes y sont enchevêtrées et abruptes comme nulle part ailleurs. La chaleur de bête a repris après le piètre répit de vingt-quatre heures occasionné par la tornade. Les bêtes peinent et s'effondrent. Jusqu'à présent, j'ai pu les redresser. Or, dans cette pente en dévers, devant moi... J'hésite à m'y engager. Le chameau blanc reguibat avance une patte, puis l'autre, et s'écroule, provoquant un glissement de dune. Il se retrouve à moitié recouvert de sable, cinq mètres en aval, la bosse plantée vers le bas et les pattes battant l'air, encore à moitié sellé. Deux heures d'effort seront nécessaires pour le sortir de ce mauvais pas. La bête est affolée, l'écume aux lèvres, les yeux révulsés. Elle se débat maladroitement, choquée. Et refuse tout effort. Finalement, après avoir tiré pattes et queue, déblayé des masses de sable de sous l'animal, celui-ci se relève enfin. Inutile de tenter quelque autre passage difficile, le chameau est à présent affolé, refuse tout compromis et se laisse tomber à genoux à la vue d'une pente. Que faire ? Je décide de poursuivre à pied et d'abandonner les bêtes. Je suis à moins de cinq kilomètres d'Aghasremt, le puits qui marque la fin des dunes.

Je reprends ma route dans les dunes, beaucoup plus rectiligne à présent. Bientôt, je débouche sur le puits. Deux hommes, des Reguibats, acceptent de m'aider. L'un m'accompagne avec sa monture et nous rejoignons mes bêtes. Avec d'infinies précautions, mètre par mètre, le chameau blanc accepte de suivre ce nouveau chameau venu de l'ouest. Surtout ne pas le brusquer. Ils se suivent ainsi, le Reguibat guidant la marche et moi rabattant mes bêtes libres, les haranguant. Enfin, enfin, la fin des dunes. La journée a été particulièrement difficile et torride.

A peine sortis de l'erg, un orage que peu de signes avant-coureurs laissaient prévoir éclate, terrible. Des grêlons gros comme des myrtilles s'abattent brusquement. Des rafales les chassent avec violence, striant le décor de raies horizontales, emmenant tout sur leur passage. Les trois chameaux baraquent aussitôt d'eux-mêmes, dos à la grêle. Cette fois, c'est un réel ouragan. Nous nous cramponnons l'un contre l'autre, mon compagnon de fortune reguibat et moi, retenus au bois des selles pour ne pas être déportés. Une bourrasque emporte ses sandales, même son bâton est projeté à plusieurs dizaines de mètres. Pas le moindre obstacle qui pourrait stopper le souffle éolien. Je déroule difficilement une couverture sur nos épaules, pour nous protéger contre les morsures de la grêle projetée violemment, et nous restons prostrés l'un contre l'autre. L'eau monte, car nous sommes dans un oued important et l'eau, de plus, est canalisée par les dunes de l'Amatlich à l'est. Je le signale à Mohamed, ainsi se nomme-t-il. Mais que faire ? Finalement, après deux bonnes heures de tempête, le vent cesse enfin, la grêle se termine en gouttelettes éparses et déjà un rayon illumine le relief de la Gleibat es-Sehb à l'ouest. Mais l'eau ne fait que commencer à monter. Le temps que la vague d'attaque parvienne jusqu'ici... Heureusement, ce ne sont que quelques crues successives qui nous amènent de l'eau jusqu'à mi-cuisse au plus.

Les bêtes progressent dans ce lac subit qui s'étend presque à perte de vue. En l'espace de quatre heures, les chameaux auraient pu s'abattre dans les sables incandescents ou risquaient d'être noyés dans la crue d'un oued. Fou. Mais nous sommes sauvés. La marche reprend, alternant passages d'oueds en eau sur fond sableux et glissades dans la boue. Par endroits, de vraies patinoires de surfaces glaiseuses où les chameaux sont subitement désarticulés, jambes en équerre, articulations bloquées. Le cuir des selles est détrempé. Tout est moite, essoré. Mais demain, j'arriverai à Akjoujt.

Akjoujt. La ville rouge doit son ancienne richesse aux mines de cuivre qui l'ont fait vivre et se développer. Mais le conglomérat est en faillite depuis des années et c'est une ville maure aux habitants accueillants mais désœuvrés, sombrant dans sa torpeur, qui accueille ma minuscule caravane qui parvient à peine à troubler un calme immuable. Les ruelles sont encore humides de l'averse de la veille, murs moites et lépreux déjà fissurés et colmatés à la hâte. Je suis littéralement en haillons.

Je troque quelques objets contre des mocassins que je fais confectionner par le forgeron Azza. En chambre à air de camion. Pas pour moi, mais pour les chameaux, dont la sole est à vif. Il reste cinq à six jours de marche jusqu'à la mer et j'ai peur qu'ils n'y parviennent pas. Pattes limées. Jusqu'au dernier moment, je douterai donc de ma réussite. Les chameaux sont épuisés, affamés; moi aussi. Mais je veux boucler une fois pour toutes cette traversée, quitte à revenir pour d'autres étendues. Vers le nord, pourquoi pas. Traverser les lignes du Polisario vers l'Algérie par l'erg Chech. Ce doit être très beau par là-bas.

Pour lors, direction l'ouest. La mer me tend les bras. Je compte arriver entre Nouamghar et Jreida, en plein désert. Là où dunes de mer se mêlent aux dunes de terre. C'est un instant auquel je rêve depuis des mois. Moment fantastique qui risque d'être le plus beau jour de ma vie. Encore faut-il y parvenir.

Le Sahara défend ses derniers remparts, brûle ses dernières cartouches. Après les étendues noires cailouteuses de l'Inchîr qui catalysent la chaleur, réapparaissent les dernières dunes mobiles de la sebkha de Dghamcha. L'altitude est inférieure au niveau de la mer. Le pâturage est impropre à la consommation : trop salé. Les bêtes n'ont pas réellement mangé depuis des jours. Ce que je croyais être les dernières dunes, car il y en a d'autres, et d'autres... D'où sortent-elles ? C'est une dernière épreuve, et encore une, et encore une... Je m'entends hurler contre elles.

Je pense à mon père mort qui aurait dû être là. Je pense aux milliers de kilomètres parcourus. A tous les moments vertigineux. A tous les risques également. Je pense à ma chance, au bonheur que j'ai d'être en vie.

Un dernier cap. Le buisson qu'on aperçoit au loin marque bien l'azimut 270, plein ouest. Ce n'est plus de la marche, c'est de la course, pieds nus dans la broussaille rase de la sebkha. Je veux monter en selle. Je me suis toujours imaginé parvenant à la mer à chameau. Et, de plus, je l'apercevrai plus tôt.

Il est 18 heures. Bientôt le crépuscule. Je vois un entrelacs de traces de véhicules : la piste de Jreïda. J'aperçois un véhicule en panne au loin. Ou est-ce une carcasse abandonnée ? Non, car je distingue une silhouette qui escalade le capot afin de m'observer également. Je ne dévie pas d'un pouce. Rien ne me gâchera mon plaisir. Une dernière crête herbacée et je l'aperçois, grise, dans un creux entre deux dunes. Je me redresse sur ma selle, le regard pétillant, presque les larmes aux yeux. Une bouffée d'air me parcourt l'échine. Je saute sur ma selle maure de bonheur et d'excitation. Personne n'est là pour m'observer, heureusement. Je crie, je hurle à tue-tête, je jette mon chèche au loin.

Je me précipite à bas de mon chameau et pénètre à mi-cuisse dans la mer froide, l'emmenant à ma suite dans l'eau salée. Je me baisse pour prendre une poignée d'eau dans ma paume et la porter à son museau. Il n'a pas bu depuis des jours. Il goutte. C'est salé, bien sûr. Il approche son museau de mon visage et les poils de ses babines me caressent la joue. Il me fait comprendre que je n'ai pas à être heureux. Ce n'est que de l'eau impropre à la vie. Un nomade doit s'occuper de ses chameaux avant tout. Toujours. La vie, il la leur doit.

Dernière nuit. Moite, froide, hostile. Que le désert était doux! A l'aube, dernier galop sur la plage. Le chameau blanc trébuche, s'effondre en pleine course. Je n'ai pas bougé d'un pouce sur ma selle.

NOMADE BLANC

Le nomade et son chameau resteront unis à la vie...
...à la mort.

*Nul ne peux vivre dans le désert et demeurer le même.
Il porte, faible ou forte, l'empreinte du désert,
celle qui marque les nomades.*
                    Wilfred Thesiger, *Arabian Sands*

ANNEXE

LEXIQUE DES TERMES UTILISÉS

L'orthographe a été simplifiée et les formes du pluriel francisées afin que les termes soient compréhensibles par tous. Abréviations : ar. : arabe; toub. : toubou; tam. : tamachek ou tamahaq.

Ababda : tribu nomade de Haute-Égypte (entre le Nil et la mer Rouge).
abiod (ar. soud.) : couleur blanche.
acheb (ar.) : pâturage.
achegour (tam.) : plante de pâturage à tiges brisées.
addax : antilope des sables.
Adrar des Iforas : région montagneuse située entre le Mali et l'Algérie.
Aftout Faï : couloir de dune dans l'Aouker mauritanien.
Aïr : région montagneuse du Niger.
aklé : nom donné à des ensembles dunaires instables au Mali et en Mauritanie.
Amatlich : ensemble de dunes situé en bordure de l'Inchîr mauritanien.
Annakaza : fraction assimilée aux Toubous du Tchad.
Aouker : nom donné à un désert en Mauritanie.
aradeb : sorte de tisane en Égypte et au Soudan.
Ash Shimaliya : partie soudanaise du désert de Libye.
azalaï : caravane de sel de Taoudeni (Mali).
Azza : caste de forgerons.

batha : rivière à sec.
bawa : portier en Égypte.
beïdane (ar.) : blanc.
Berabich : tribu nomade du sud du Lemriyé (Mali).
Bideyat : tribu nomade du sud de l'Ennedi (Tchad).
bîr (ar.) : puits.
Bisharin : tribu nomade à cheval entre l'Égypte et le Soudan.
bismillah (ar.) : Dieu soit loué.
bordj : construction fortifiée.
Borkou : région du sud du Tibesti (Tchad).

NOMADE BLANC

Bornou : région méridionale du lac Tchad.
Bouzou : caste des anciens captifs touaregs.

caïd (ar.) : chef coutumier arabe.
carcadeh : tisane à base de fleurs d'hibiscus.
charganié (toub.) : natte de claie.
Chari : fleuve longeant N'Djamena (Tchad).
charia : loi islamique.
chèche (ar.) : voile pour homme.
chérif, chérifien : originaire du sud du Maroc.
chouf (ar.) : regarde !
cram-cram : plante à petites boules urticantes.

da (ar.) : ce.
Dâhr (ar.) : falaise.
dama : sorte de grande gazelle.
Danakil : tribu semi-nomade d'Éthiopie.
Darfour : région montagneuse de l'ouest du Soudan.
Dar Salamat : région de savane du sud du Tchad.
Daza : tribu nomade assimilée aux Toubous (Tchad).
delou (ar.) : seau à puiser.
dema (ar.) : plante de gizzu.
Dghamcha : dépression en bordure de l'Atlantique (Mauritanie).
Dinka : tribu d'éleveurs noirs du sud du Soudan.
Djado : plateau du nord-est du Niger.
djamel (ar.) : chameau (ou ibil).
djinn, djenoun : esprits.
Djouf (ar.) : litt. le ventre ; désert du nord de la Mauritanie.
doum : palmier à tronc double.
doura : grain de maïs ou de manioc.

Eastern Desert : partie nord du désert de Nubie.
Ennedi : massif montagneux du nord-est du Tchad.
enneri : nom donné aux cours d'eau à sec au Tibesti.
erg : ensemble de dunes.

fellah : paysan des bords du Nil.
foul : plat de fèves traditionnel en Égypte et au Soudan.

gellabieh : tunique.
gizzu : pratique pastorale du sud du désert de Libye (Soudan).
Gorane : terme utilisé parfois pour désigner diverses tribus apparentées aux Toubous.
guelta : cuvette d'eau de résurgence.
guerba : outre à eau en peau de bouc.
guesh (ar.) : pâturage.
Guezebida : Toubous du Kaouar.

hâd : type de plante.
Hadjaraï : tribu du Tchad central.

ANNEXE

haluf (ar.) : porc.
hamla (ar.) : petite caravane.
Hank : falaise de l'extrême nord du Mali.
Haoussa : tribu noire du Niger et du Nigeria (sédentaire).
harmattan : vent constant venant du nord-est.
hassanya : arabe mauritanien.
hassi (ar.) : puits (ou bîr).

ibil (ar.) : chameau (ou djamel).
imarkaden (tam.) : sandale.
imche (ar.) : avance!
imelik : race de chameau touareg.
inch'Allah : si Dieu le veut!
Inchîr : région de pâturage de l'Ouest mauritanien.
Irrigui : région de pâturage de l'Est mauritanien.

Kaïssa : fraction Daza du Tchad.
Kanem : région septentrionale du lac Tchad.
Kanouri : sédentaires noirs de l'est du Niger.
Kaouar : falaise située au milieu du Ténéré (Niger).
Kebasbish : tribu nomade du sud du désert de Libye au Soudan.
kébir (ar.) : grand.
kesra (ar.) : galette.
khamsa (ar.) : cinq.
kharif (ar.) : saison des pluies au sud du désert de Libye.
Khâtt : rivière fossile à l'ouest du Tagant (Mauritanie).
koïs (ar.) : c'est bien!
Kordofan : région de pâturage au sud-est du désert de Libye (Soudan).
kori : rivière à sec dans l'Aïr (Niger).
Kounta : tribu nomade du sud du Lemriyé (Mali).
kuruç : ancienne monnaie turque (Égypte, Soudan).

Lemriyé : désert du nord du Mali.

ma (ar.) : eau.
mafish : il n'y a pas...
Maures : ensemble de tribus nomades arabes en Mauritanie.
mesbout : café turc.
Moïda : tribu nomade du Kanem.
Moukhabarat : services spéciaux égyptiens.
moukhal (toub.) : transhumance.
Mourdia : tribu nomade assimilée aux Toubous dans l'Ennedi (Tchad).
muchkula (ar.) : problème.
mus (ar.) : mort.

narguilé : pipe à eau.
nasrani : Blanc infidèle.
Nemadi : tribu de chasseurs nomades de Mauritanie.
Nubie : région du Haut-Nil.

oglat (ar.) : trou d'eau.
oued : cours d'eau à sec.

NOMADE BLANC

Ouled Ballah : sédentaire de Tichitt.
Ouled Sliman : tribu nomade du Kanem.

Peuls : tribu d'éleveurs nomades noirs du Sahel.

ramadan : période de jeûne et de prière.
ras (ar.) : cap ou promontoire.
reg : désert plat et nu.
Reguibats : tribu nomade du nord du Mali, de la Mauritanie et du Sahara occidental.
rezzou : razzia, pillage.
righa : blatèrement du dromadaire.
Rizeïgat : tribu nomade du nord-est du Darfour (Soudan).

saadan : plante de gizzu.
sah (ar.) : l'heure.
Saïda : Arabes de Haute-Égypte.
saïf : saison chaude dans le désert de Libye et sa périphérie.
salam aleïkoum : salutations.
saleyam : plante de gizzu.
Sara : Noirs sédentaires du Tchad.
sarouel : pantalon large arabe.
sebkha : dépression salée.
seqiya : canal d'irrigation des bords du Nil.
simoun : tempête de sable.
souk : marché.

Tagant : plateau de Mauritanie centrale.
taghlamt (tam.) : litt. la nouvelle; caravane de sel de Bilma.
Takalakouzet : monts de l'est de l'Aïr (Niger).
Talak : plaine à l'ouest de l'Aïr (Niger).
talha : tamaris.
tamam (ar.) : ça va!
tamachek : langue touarègue du Niger.
tamahaq : langue touarègue du Mali et d'Algérie.
tarik (ar.) : route, chemin, trajet (ou darb).
Tassili du Hoggar : plateau de l'extrême Sud algérien.
Tassili de Tin Rehro : plateau de l'extrême Sud algérien.
teborak (tam.) : espèce d'arbre.
Ténéré : désert de l'est du Niger.
Tibesti : montagne du nord du Tchad.
Timétrine : monts du nord-est du Mali.
Tim Meghsoï : région située entre le Niger et l'Algérie.
Tomagra : clan toubou du Tibesti.
Touaregs : tribu nomade du Niger, du Mali et d'Algérie (et de Libye).
Toubous : tribu nomade du Tchad (et du Niger).

wadi : cours d'eau à sec; singulier littéral d'oued.

Yayo : région du sud du Tibesti (Tchad).

ANNEXE

Zaghawa : tribu semi-nomade de l'est du Tchad et du Soudan.
zbad : type de plante de l'Ouest saharien.
zériba : hutte de claies.
zrig : lait dilué sucré en Mauritanie.
zril : graminée de l'Est saharien.

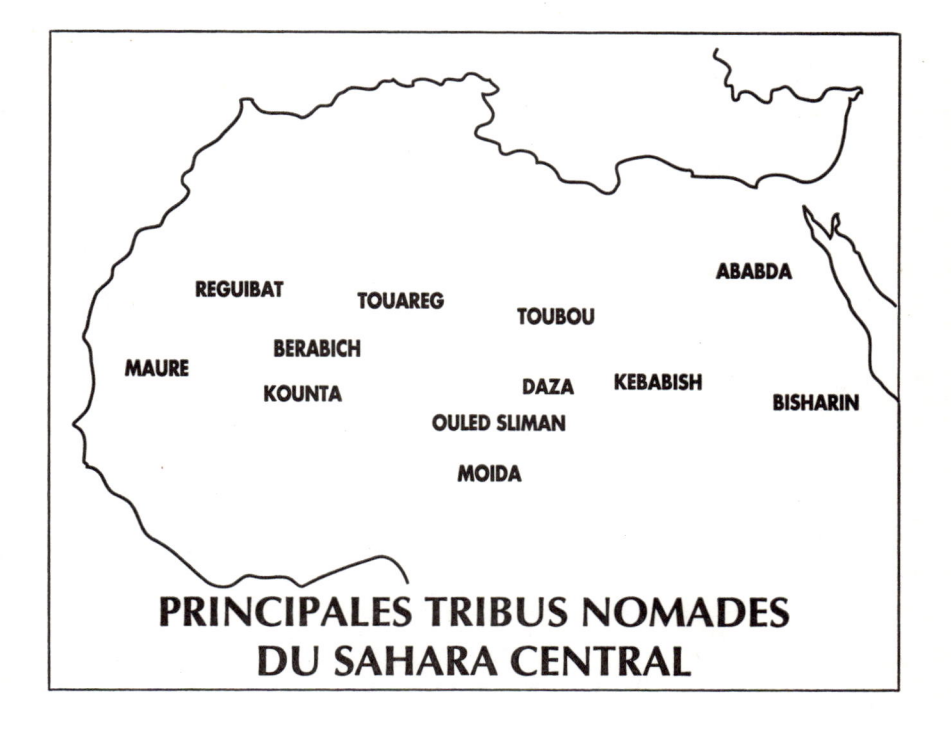

PRINCIPALES TRIBUS NOMADES DU SAHARA CENTRAL

(Carte : REGUIBAT, TOUAREG, TOUBOU, ABABDA, MAURE, BERABICH, KOUNTA, DAZA, KEBABISH, BISHARIN, OULED SLIMAN, MOIDA)

TABLE DES MATIÈRES

1. Entre mer Rouge et océan de sable............. 9
2. Moukhabarat................................. 27
3. Ash Shimaliya 47
4. Dernier otage du Tchad...................... 75
5. Retour vers l'enfer 95
6. Rebelles touaregs et Lemriyé.................. 117
7. Aklé 141

Annexe: Lexique des termes utilisés................ 187

Cet ouvrage a été réalisé par la
SOCIÉTÉ NOUVELLE FIRMIN-DIDOT
Mesnil-sur-l'Estrée
pour le compte des Éditions Robert Laffont
24, avenue Marceau, 75008 Paris
en décembre 1997

Imprimé en France
Dépôt légal : janvier 1992
N° d'édition : 38706 - N° d'impression : 41024